Ninguém sabe quem sou eu
(a Bethânia agora sabe!)

As loucuras de um fã para conquistar sua diva

© **Carlos Jardim**, 2022
Direção editorial: **Bruno Thys** e **Luiz André Alzer**
Capa, projeto gráfico e diagramação: **Alessandro Mesquita**
Revisão: **Camilla Mota**
Fotos: **Marcelo de Jesus**, **Carlos Jardim** (páginas 99, 113, 117, 120 e 127), **Gilliard Dantas** (capa), **Danielle Senra** (orelha) e **Liliane Dantas** (página 78)
Tratamento de imagens: **Ricardo Gandra**

Dados Internacionais de Catalogação na Publicação (CIP)
(eDOC BRASIL, Belo Horizonte/MG)

J37n   Jardim, Carlos.
   Ninguém sabe quem sou eu (a Bethânia agora sabe!): as loucuras de um fã para conquistar sua diva / Carlos Jardim. - Rio de Janeiro, RJ: Máquina de Livros, 2022.
   128 p. : foto. ; 14 x 21 cm

   ISBN: 978-65-00-49828-8

   1. Bethânia, Maria, 1946-. 2. Cantoras brasileiras. 3. Música popular brasileira. I. Título.
   CDD 780.981

Elaborado por Maurício Amormino Júnior – CRB6/2422

Grafia atualizada segundo o Acordo Ortográfico da Língua Portuguesa de 1990, em vigor no Brasil desde 2009.

1ª edição, 2022

Todos os direitos reservados à **Editora Máquina de Livros LTDA**
Rua Francisco Serrador 90/902, Centro, Rio de Janeiro/RJ – CEP 20031-060
www.maquinadelivros.com.br
contato@maquinadelivros.com.br

Nenhuma parte desta obra pode ser reproduzida, em qualquer meio físico ou eletrônico, sem a autorização da editora.

CARLOS JARDIM

Ninguém sabe quem sou eu
(a Bethânia agora sabe!)

As loucuras de um fã para conquistar sua diva

*A Maria Bethânia,
inspiração na minha vida
e farol de lucidez na
cultura brasileira*

1

Quando o táxi parou em frente àquela casa, em Salvador, nada era capaz de me fazer acreditar que aquilo estava mesmo acontecendo – eu entrando na casa de Maria Bethânia. Eu, que comprava ingresso pra arquibancada no Canecão porque era mais barato, esperava a luz apagar e ia me esgueirando até ficar colado no palco vendo Bethânia de pertinho, eu, que precisava juntar dinheiro pra conseguir comprar esse ingresso – mesmo sendo mais barato. Eu, tão fã que sou capaz de assistir várias vezes ao mesmo show, eu, que sempre me emocionei tanto com essa voz e com essa personalidade. Nem eu mesmo acreditava, mas eu estava agora entrando naquela casa, vendo aquelas imagens de sereias em todos os lugares do quintal, em cima das mesas... meu Deus, eu estou mesmo entrando nessa casa.

De camiseta e sem maquiagem, cabelo preso, sorriso carinhoso – é assim que ela me recebe. A gente perde cabelo, precisa de óculos, envelhecer é um desafio, mas nessa hora é uma grande vantagem. Tivesse eu 20 e poucos anos, não saberia nem o que dizer diante dela numa situação dessas. Mas agora, mais maduro, consegui segurar o tranco. E havia um motivo profissional para aquele encontro: convidar Bethânia pra ser personagem de um documentário em que eu assinaria direção e roteiro. Sim, um fã pode ir tão longe.

– Ela vai te receber por meia hora – me disse a assessora alguns dias antes.

Mais que suficiente, pensei. Peguei o avião, juntei meus argumentos, noves fora a minha ansiedade, me hospedei num hotel perto da casa dela e esperei a hora de entrar no táxi.

Fiquei quatro horas conversando com ela, papo regado a cerveja e muitos silêncios – geminianos, você sabe, são dados a longos silêncios, estão ali na sua frente, mas de repente estão lá longe. Num desses silêncios dela, controlando a gritaria interior da minha emoção, me dei conta do quanto eu tinha caminhado até estar sentado naquela mesa, bebendo aquela cerveja, fazendo aquele convite.

2

Virei fã de Bethânia em 1978. Eu com 15 anos e ela com uma carreira pra lá de consolidada. Quando me tornei jornalista, fui chegando mais perto, aos pouquinhos, produzindo matérias e até um programa na GloboNews quando ela fez 70 anos, narrado pela Fernanda Montenegro. Mas falar com ela, seja na qualidade de fã, seja trabalhando, é sempre uma experiência marcante.

Entre me apaixonar por aquela voz e finalmente conseguir tomar uma cerveja com ela, passaram-se muitos anos e algumas situações até inusitadas. Vira e mexe, eu lembrava algum caso e contava na hora do almoço para os colegas mais

próximos na GloboNews. O Eduardo Compan, então nosso chefe de reportagem, vivia dizendo:
– Você devia contar essas histórias num livro.
– Mas Compan, eu sou um desconhecido, quem vai ter interesse pelas minhas histórias?

E assim segui contando meus *causos* apenas para os mais próximos, até que um dia o Marcelo, um amigo médico, também fã de Bethânia, argumentou:
– Mas você é um fã que vai fazer um documentário sobre ela! Isso muda tudo.

É, é um ponto. Resolvi escrever e ver no que dava. Se você está lendo isso, é porque no fim das contas eu e os editores achamos que valia a pena compartilhar essas histórias – despretensiosas e totalmente pessoais.

Quem sabe você, que gosta de Bethânia, mas não é um fã desesperado, passe a conhecer um pouquinho mais a cantora... Quem sabe você, que é fã desesperado como eu, se divirta com algumas histórias que ainda não conhecia...

Mas, pra você entender como cheguei a fazer um documentário sobre a maior voz da nossa música, vou voltar um pouco no tempo. Afinal, uma boa história tem começo, meio e fim. Começamos pelo começo.

3

"Muda esse disco, pelo amor de Deus, não aguento mais ouvir essa mulher", era assim que eu reagia quando a minha irmã – seis anos mais velha e muito mais esperta que eu – ouvia sem parar "Pássaro proibido" e "Chico e Bethânia ao vivo". Eu tinha meus 12, 13 anos, e a gente sabe ser irritante com essa idade. Eu era louco por música. Música brasileira. Existia uma rádio incrível na época, a Rádio Nacional FM. Só dava ela lá em casa. Quando eu tinha uns 15 anos, estava com o rádio ligado e ouvi um vozeirão, numa música nova, daquelas que fazem você parar tudo. "Chega de tentar dissimular e disfarçar...". Meu Deus, que música é essa? Quem está cantando? Naquela época o locutor da rádio falava o nome da música, do cantor e do compositor. Bem, naquela época a gente ainda ouvia rádio. O cara encheu a boca pra falar: "Explode coração", de Gonzaguinha, com Maria Bethânia.

Como é que é??? É aquela que minha irmã adora? Comecei a escutar escondido todos os discos de Bethânia que ela tinha, e eram muitos. Quando cheguei em "Drama 3º ato", eu caí de paixão de vez! Corri pra uma loja de discos e comprei "Álibi", que tinha "Explode coração" e muitas outras músicas incríveis, e um outro disco com uma capa... aqueles colares, aquela foto em preto e branco meio desfocada, ainda bem que sempre me senti atraído por coisas diferentes. Era "Rosa dos ventos – Show encantado".

4

"Num meio-dia de fim de primavera eu tive um sonho como uma fotografia". Sabe aqueles momentos que mudam sua vida pra sempre? Foi assim o meu primeiro Fernando Pessoa. Como tantos brasileiros, conheci e passei a amar Pessoa *com* e *por causa* de Bethânia.

"Despe meu ser cansado e humano. E conta-me histórias, caso eu acorde, para tornar a adormecer. E dá-me sonhos teus para eu brincar". Eu chorava tanto que tive até dificuldade pra colocar a agulha no lugar certo do LP pra ouvir o texto de novo. E de novo. E de novo. Como alguém pode escrever algo tão extraordinário? E como alguém pode interpretar um texto com essa delicadeza, mas também com essa força, essa precisão, caramba! Tinha mais.

"E eis que às três da madrugada eu acordei e me encontrei. Simplesmente isso: eu me encontrei. Calma, alegre, plenitude sem fulminação".

Tinha Clarice Lispector, outra descoberta explosiva nos meus 15 anos. Sei lá, acho que "Rosa dos ventos" foi meu baile de debutante. E mudou tudo. Éramos uma família bem simples, que vivia com dificuldades financeiras, e não tínhamos o hábito da leitura lá em casa. Até "Rosa dos ventos". Por causa daqueles textos, falados por aquela voz, comecei a ler – e nunca mais parei. Iniciei, claro, com Pessoa. "O Eu profundo e os outros Eus" foi meu primeiro livro do poeta português.

5

Bem, a essa altura eu já estava totalmente envolvido e hipnotizado por Bethânia. Abro o jornal e o susto: ela vai estrear no Canecão o show baseado no repertório do disco "Mel", lançado em 1979. Era o começo de 1980, eu passava as férias escolares na casa de praia de parentes, fora do Rio. E os ingressos começariam a ser vendidos no dia seguinte. Pirei. Liguei pra minha mãe e implorei pra ela ir comprar a entrada pra mim! Guerreira, ela foi. Enfrentou fila e tumulto na hora em que abriu a bilheteria do Canecão (que já não existe mais, mas era uma das principais casas de shows do Rio). Bilheteria: sim, existiu essa época em que a gente só podia comprar ingresso na própria bilheteria. Era um Deus nos acuda quando o artista tinha um público imenso como Bethânia, que ainda por cima estava com a popularidade nas alturas naquela época – vinha de "Álibi", um recordista de vendas, músicas bombando nas rádios. Minha mãe conseguiu um lugar não muito lá na frente, mas bem razoável. Meu primeiro show de Bethânia!

Você já levou um choque de energia elétrica? Foi a sensação que tive quando Bethânia entrou em cena. Vestido prata brilhoso, pés descalços, aqueles cabelos, as mãos que a gente não consegue deixar de acompanhar, as pulseiras, aquela voz, aquele timbre, aquela interpretação sempre tão particular, mastigando as palavras, total compreensão do que está cantando, aquele olhar... Entrei numa espécie de êxtase. Não sei se você já viu um show de Bethânia. Se não viu, corra pra ver o próximo, dá tempo de corrigir essa falha. Se já viu, sabe do que estou falando. É sempre muito impactante. O primeiro então...

Pelo que me lembro, eles colocaram umas flores meio cafonas no palco, e a Bethânia ia andando e cantando nessas flores. Disco "Mel", a música falava de abelha-rainha... Quem reparou que era cafona? O jornalista e crítico de música Sérgio Cabral escreveu uma vez sobre um show de Bethânia: "Defeitos, se há, a emoção não deixa ver". É isso! Tinha "Explode coração", "Olhos nos olhos", um texto dela e do Waly Salomão: "Gozemos enquanto a noite dura e quando o sol raiar. Meu bem, alonguemos de prazeres o dia curto" e aí cantava "Café da manhã", do Roberto e do Erasmo. Delírio na plateia! E ainda tinha "Estácio Holly Estácio" ("se alguém quer matar-me de amor, que me mate no Estácio") e "Sábado em Copacabana" ("um bom lugar para encontrar, Copacabana. Pra passear à beira-mar, Copacabana"), que muitos anos depois arrebatou o país na abertura da novela "Paraíso tropical", do Gilberto Braga e do Ricardo Linhares, na Globo.

Quando o show acabou e eu estava absolutamente sem fôlego, vi uma fila se formando ao lado do palco. Descobri, em choque, que a Bethânia recebia o público depois da apresentação. Como é que é? A gente ainda consegue falar com ela no camarim depois de tudo isso? Morri.

Mas esse negócio de sorte de iniciante não funcionou pra mim, e ela não recebeu o público naquela noite. Falatório geral, gente saindo em grupo, apressada. Segui a turba! Eram os fãs indo pro lado de fora do Canecão, para a lateral da casa de show. Ela vai sair de carro por aqui, explicou alguém. E foi assim que vi Bethânia "de perto" pela primeira vez: ela dentro do famoso Mercedes dourado que tinha na época, dirigido pelo Amaral, dublê de motorista, segurança e anjo da guarda. Sorridente, passou dando tchauzinho pros fãs. Não gostei muito, queria ter conseguido falar com ela, mas lembre-se: "Defeitos, se há, a emoção não deixa ver". Na próxima vez, quem sabe rola o camarim?

Ainda em 1980 eu consegui um feito e tanto. Estava no último ano do segundo grau. Uma colega de turma era prima de uma atriz que conhecia a Bethânia, não muito famosa, mas tinha contato com a cantora, era o que importava. A gente estava querendo lançar um jornalzinho na escola, e o primeiro número ficaria espetacular com uma entrevista da Bethânia! Pois essa moça conseguiu fazer contato com a equipe da artista, e Bethânia topou falar pra nós, você acredita? Ela estava no auge da fama e aceitou conversar com um jornalzinho escolar, que mulher incrível.

A entrevista seria na sede da gravadora, a Polygram, na Barra da Tijuca. Eu morava no Méier na época, no subúrbio do Rio, e a Barra era uma coisa distante e estranhíssima pra mim naqueles tempos (bem, ainda é pra muita gente, hahaha). Tivemos que pegar dois ônibus. Não acreditei quando o Mercedes dourado chegou, deu pra ver pela janela da sala onde eu estava. Ela vestia calça e camiseta brancas, tinha uma jaqueta também branca nos ombros – lembro de t-u-d-o! Eu estava tão nervoso que mal conseguia ligar o gravador. Delicadíssima, ela percebeu meu estado lamentável e começou a conversar pra ver se eu me acalmava – como não amar muito?

– Que bonitinho esse gravador, geralmente eles são horríveis, né? – disse sorrindo.

Bem, aos trancos e barrancos, eu consegui fazer a entrevista. Não vou reproduzir trechos aqui, porque fiz perguntas simplesmente medíocres, mas eu tinha só 17 anos, vamos ter um pouco de compreensão, né? Dois momentos, no entanto, valem ser lembrados. Perguntei sobre religiosidade.

– Eu tenho o espírito muito livre, preciso de algum freio. A fé, a religiosidade me seguram um pouco, mantêm meus pés no chão.

Eu, bem novinho, um tanto apavorado com o que a vida podia aprontar comigo, resolvi perguntar:

– O futuro te assusta?

– O futuro me excita.

7

Chega 1981 e a incrível oportunidade de assistir a Bethânia num teatro. "Estranha forma de vida" seria encenado no lendário Teatro da Praia (que infelizmente não existe mais), em Copacabana. Formou-se um enorme burburinho, os fãs estavam agitados, apurei que a bilheteria abriria numa terça-feira, às duas da tarde. Pensei: vou chegar mais cedo pra conseguir um bom lugar na fila. Cheguei meio-dia.

O Teatro da Praia ficava num beco na Rua Francisco Sá. Pois bem: a fila – longuíssima – saía do beco, tomava a rua, dobrava a esquina e seguia interminável pela Rua Raul Pompeia, até dentro do túnel que liga os postos 5 e 6. Era uma fila imensa, inacreditável. Abismado, me dirigi a uma senhora, a primeira da fila.

– Boa tarde. Por favor, a que horas a senhora chegou aqui?
– Cinco horas da manhã.

Cinco da manhã!!! A bilheteria abria às duas da tarde! Eu queria ser o primeiro da fila. Por quê? Porque na terça-feira abria a venda pra semana inteira. E eu queria comprar ingresso pro sábado, na primeira fila, poltrona 1, colada no palco, no centro! Eu queria ver Bethânia bem de pertinho. Fui embora e, na semana seguinte, dormi na segunda-feira na casa de uma tia que morava ali perto. Acordei às quatro e meia da manhã e parti pro teatro. Qual não foi meu espanto ao chegar? Um menino já estava lá!

— Pra que dia você vai comprar? — fuzilei o garoto, sem nem dar bom dia.

— Pra sexta-feira.

— Ah, bem — e como ele não ia comprar pro mesmo dia que eu, ficamos conversando animadamente.

Entre cinco da manhã e duas da tarde deu pra fazer amizade com um monte de gente na fila. Isso era uma coisa sensacional naquela época. Fãs juntos durante horas, trocando experiências, contando histórias, conheci pessoas incríveis nessas filas, arranjei até namoro! Me lembro de uma senhorinha que estava na fila de todos os shows por muitos anos. Ela contou que, depois que o marido morreu, passou a sair mais. E ficou louca quando viu Bethânia. Madrugava pra comprar o ingresso. Pois uns anos depois, Bethânia ficou sabendo da história dela, e a senhorinha passou a ser convidada, não precisou mais madrugar nas filas. O encontro de uma pessoa de sorte com uma pessoa elegante.

Mas voltemos ao Teatro da Praia. O menino que era o primeiro da fila chamava Tom, se me lembro bem. Um pouco mais tarde chegou uma amiga dele, veio de Belém só pra ver o show. Ficamos tão ligados depois de tanto tempo conversando que eles decidiram ver o show no mesmo dia em que eu.

— Só se você não comprar a poltrona 1 da fila A! — e ele topou comprar na primeira fila, mas no lado par.

Que show! "Outra vez" ("você foi o maior dos meus casos, de todos os abraços o que eu nunca esqueci") era uma apoteose. Bethânia tinha terminado há pouco tempo um relacionamento longo e famoso, cantava isso olhando pro alto, pro balcão do teatro, e todo mundo jurava que estava ali no balcão "a mentira sincera, brincadeira mais séria que me aconteceu". Ela falava um texto imenso de um índio americano, um grito em defesa do meio ambiente, quando isso nem de longe estava na ordem do dia da agenda mundial. E eu ali, na primeira fila, colado no palco. Vi como o corpo dela tremia ao cantar "Vida" ("vida, minha vida, olha o que é que eu fiz"). Tenho até hoje o programa desse show. Aliás, tenho de todos que eu vi – coleciono programas, infelizmente peças e shows não fazem mais programas hoje em dia, é caro e quase ninguém compra.

O show era dirigido pelo Fauzi Arap. Deu pra entender a razão de Bethânia ser tão apaixonada por ele. Textos incríveis costurando o espetáculo, tudo bem amarrado, nada fora do

Programa do show "Estranha forma de vida", apresentado no Teatro da Praia, em 1981

lugar. Ele sabia tudo de Bethânia, por isso fiz questão de usar um trecho do texto dele no documentário "Maria - Ninguém sabe quem sou eu". Tirei do programa de um show dirigido por ele: "Ela não pode ser a cantora que outros quereriam ser nela. Ela é a cantora que ela quer ser. E que é. Como uma força da natureza". O Fauzi disse tudo.

Fila pro camarim. Será que hoje ela recebe o público? Recebeu! Lá fomos eu, Tom e a amiga dele. Aquela mulher que tremia ao cantar, aquela explosão, estava agora sentadinha, carinhosa e paciente com os fãs. Histéricos na fila, lordes ingleses na frente dela: ninguém perde a fleugma na frente de Bethânia, não sei o que acontece, há um clima de respeito, você se sente meio fora de órbita. Sei, você está rindo de mim agora, mas, se está, é porque nunca foi ao camarim. Precisa corrigir essa outra falha absurda.

Fiquei nervoso, mas consegui falar com ela. Tirei um milhão de fotos (do show e no camarim). Um dos registros foi a amiga do Tom dando um selinho na Bethânia, muito carinhosa com todos nós. Me animei a voltar. Outro dia chegando às cinco da manhã. Deu tempo de revelar as fotos (sim, naquela época era filme, a gente mandava revelar), que levei ao camarim nessa segunda visita. Ela olhou todas com a maior atenção e se assustou quando viu o selinho na amiga do Tom! Hahaha. Mas levou numa boa. Me animei a voltar. Foi uma temporada longa, que saudade dessa época, quando os artistas ficavam meses em cartaz com o mesmo show, assim direto, semana após semana.

Terceira vez chegando às cinco da manhã na fila. Mas aí teve um *plus a mais*. Sabe essa tia que morava perto e eu dormia na casa dela pra madrugar na fila? Tia Nilza, ela pintava maravilhosamente bem! Pedi pra ela pintar um quadro da Bethânia. Ela fez um desenho lindo em cima da foto da capa do disco "Mel". Levei ao camarim e pedi pra Bethânia autografar. Quando ela viu o desenho, ficou louca. Chamou todo mundo pra ver!

– Mas você vai querer que eu estrague essa obra de arte assinando?

– Bethânia, só vai virar uma obra de arte depois que você assinar.

Ela abriu um sorriso lindo e inesquecível, e assinou.

Nesse mesmo ano de 1981 saiu o disco "Alteza". Ela já tinha virado a Abelha-Rainha por causa do "Mel", aí vem "Alteza". A gravadora preparou um lançamento diferente, com uma entrevista transmitida via Embratel, um luxo naqueles tempos. Nesse embalo todo de realeza, a gravadora achou interessante montar um trono pra Bethânia se sentar durante o evento. Ela se recusou. Numa entrevista pra "Folha" em 2001, relembrou o episódio: "Me chamam de Rainha, Poderosa, Abelha-Rainha, não sei o quê... Mas diva não sou. No lançamento de 'Alteza', fizeram um trono pra eu sentar. Era cilada, sentei no chão".

9

O ano agora é 1982 e Bethânia volta ao Canecão. Não era um luxo? Show de Bethânia todo ano! Chamava "Nossos momentos", uma espécie de colagem de shows anteriores, uma celebração do ofício, com direção de Bibi Ferreira. Eu estava no segundo ano da faculdade, mensalidade caríssima, dinheiro curtíssimo, mas como não assistir? O Canecão tinha suas tradicionais mesas, e nas laterais havia arquibancadas, com preços bem mais em conta. Mas muito longe do palco. Eu sempre digo e repito: Bethânia é pra ser vista de perto. Pra ver o brilho no olhar, as expressões, a interpretação das músicas, a dança das mãos e dos cabelos... Eu comprava o ingresso mais barato, esperava a luz apagar e, fingindo ser invisível, ia passando entre as mesas até chegar lá na frente e sentar no chão, coladinho ao palco. Assisti a "Nossos momentos" seis vezes. Seis. Todas dessa forma.

Na primeira, levei minha máquina fotográfica. Safadinha, simplezinha, sem zoom nem nada. Como eu estava colado ao palco, dava pra tirar fotos boas. De repente, o susto: Bethânia senta num degrau no palco pra cantar "Baila comigo" ("se Deus quiser, um dia eu quero ser índio, viver pelado, pintado de verde, num eterno domingo"). Usava um vestido de alcinha em degradê de azul, linda. Eu estava muito perto. Muito mesmo. Num gesto de ousadia suprema, quase colei nela e pá, tirei a foto. O flash explodiu na cara dela. Congelei. Agora vou levar um esporro. Então ela se virou pra mim, abriu um sorriso e cantou a música inteirinha sorrindo pra mim! Pode imaginar o que é isso pra um fã? Tenho até hoje na minha parede uma dessas fotos. Quem vê pensa que usei um super zoom, ninguém imagina que era eu colado no palco, sentado no chão.

Aliás, além de fotografar, eu tinha o hábito de gravar os shows. Vamos lembrar: naquela época não existia Blu-ray, DVD nem VHS (bem, esse, se já existia, eu não tinha). Não havia registro das apresentações, então eu via muitas vezes, pra tentar guardar tudo na memória. Nem sempre ela lançava disco ao vivo. Por isso eu gravava. Sim, era ilegal, isso era totalmente proibido, mas quem freia um fã? Hoje, quando vejo milhares de vezes um espetáculo registrado em várias mídias, até no streaming, eu lembro o sufoco que nós, fãs, passávamos pra guardar lembranças dos shows.

Fita K-7 do show "Nossos momentos", que gravei no Canecão

Acho que foi nessa época que li uma entrevista muito interessante da Bibi Ferreira. Perguntaram se, com tantos anos de experiência, ela já conseguia saber se um show ou uma peça de teatro "pegaria".

– Simples. Se o pessoal da faxina para e fica assistindo ao ensaio, tenho certeza de que será sucesso.

Genial, né?

10

Peraí, dei um salto nos shows. Parece que a Bethânia estreou no fim dos anos 70... É porque comecei as histórias a partir dos espetáculos que vi. Sabemos que ela já cantava na Bahia, a Nara Leão passou por lá, chamou Bethânia para substituí-la no "Opinião", sucesso instantâneo. Voltou pra Bahia contrariada quando quiseram que fizesse um disco cheio de músicas de protesto, por conta de "Carcará". Só aceitou voltar ao Rio quando teve assegurado o direito de gravar o que quisesse, inclusive Noel Rosa, já presente no repertório sofisticado da jovem baiana, que sempre seguiu apenas as suas vontades. Vieram muitos shows, especialmente em boates, que renderam registros incríveis em discos ao vivo, me dá um desgosto de não ter visto – mas nem tinha idade pra isso. Perdi "Drama – 3º ato", "Chico e Bethânia", "A cena muda", que tristeza.

Perdi também "Os Doces Bárbaros", que em meados dos anos 1970 reuniu Bethânia, Gal, Caetano e Gil. Minha irmã viu todos esses, a sortuda. Contava que Bethânia, danadinha, trocava de roupa no palco em "Drama"; que era uma disputa de fãs nos "Doces Bárbaros", aplausos e gritos cada vez que um dos quatro cantava sozinho. Minha mãe viu "Os Doces Bárbaros" quatro vezes com a minha irmã. Fã de Gal, ela dizia que a cantora recebia mais aplausos que a Bethânia, que ódio que isso me dava.

Muitos anos depois, em 2002, os quatro se reuniram de novo num show antológico na Praia de Copacabana. Eu estava lá, grudadinho no palco. E vi que Bethânia era, sem dúvida, a mais aplaudida. Tá bem, eu sei que não sou a fonte mais confiável pra esse tipo de informação, mas você pode checar no filme que nasceu desse encontro, "Outros (doces) Bárbaros", do Andrucha Waddington. Além do show, bastidores deliciosos dos ensaios e Bethânia alegrinha, com um copo de cerveja na mão, dizendo uma frase definidora: "Quando tem liberdade, eu fico feliz".

11

Teve um outro show que eu não vi, mas me marcou muito. Em 1979, ela estava no auge, como eu já disse, e foi convidada pra cantar num teatro recém-inaugurado em Madureira, no subúrbio do Rio. Era o Teatro Cine Show Madureira, uma grande sacada, uma maneira de levar artistas de peso para o subúrbio carioca e democratizar a cultura. Não consegui ver, os ingressos esgotaram absurdamente rápido. E era uma temporada de uma semana apenas, de terça a domingo. Mas consegui o programa do show e pirei quando vi o repertório. "As rosas não falam" (Bethânia cantando Cartola!), "Renúncia", da Angela Ro Ro, "Terra", do Caetano. Abria com "Não chore mais", do Gil. E não é que eu consegui depois a gravação desse show? Em fita K-7, áudio muito ruinzinho, mas que registro! "Não chore maiiiiis", aquele jeito de prolongar algumas vogais que só ela tem. Que sonho. Tinha ainda Beto Guedes, Noel, Chico e até "Arrombou a festa" ("ai, ai, meu Deus, o que foi que aconteceu, com a música popular brasileira?").

12

Em 1983, Bethânia lançou o disco "Ciclo". Vinha de grandes sucessos e álbuns com muitos instrumentos. Aqui ela resolveu ser minimalista no instrumental e saiu um disco mais acústico, quando ninguém nem imaginava que isso ia virar moda. É daí o grande sucesso "Fogueira", da Angela Ro Ro ("por que queimar minha fogueira, e destruir a companheira, por que sangrar o meu amor assim?").

Não teve show naquele ano, mas em 84 ela me saiu com um espetáculo inspirado no livro "A hora da estrela", da Clarice Lispector. Era teatro puro, muitos textos, textos imensos de Clarice falados por Bethânia em cena, o espetáculo mais teatral da carreira dela. Era lindo, mas sofreu com a bilheteria. O final era muito pra baixo, apontou a crítica. Era mesmo, tanto que ela mudou e passou a encerrar com "Roda ciranda", grande

Ingresso do show "A hora da estrela", de 1984

sucesso naquele ano, que gravou no disco da amiga Alcione. Aliás, adoro a história que elas contam de que Alcione era considerada "cantora de samba", por isso a gravadora estranhou muito quando Bethânia a chamou pra gravar "O meu amor", do Chico, no disco "Álibi". Ela nunca se ligou em rótulos e manteve o convite. Fez mais: botou a Alcione cantando MPB e convidou a Gal, uma "cantora de MPB", pra gravar com ela um samba, "Sonho meu". Isso é que é esnobar o óbvio. Desde então, a querida Marrom já a convidou pra participar de vários discos seus. E eu tive a felicidade de estar num show da Alcione em que ela falou da Bethânia: "Um dos melhores caráteres da MPB".

Vi "A hora da estrela" umas cinco ou seis vezes. Era deslumbrante. Mas, numa dessas vezes, eu vi Bethânia cantando num Canecão quase vazio. Não era um espetáculo fácil e, fora a mudança na música final, ela não mexeu em nada, se manteve fiel à ideia de contar a história de Macabéa, "que beijava paredes, pois não tinha a quem beijar". Vi o último dia da temporada e aqui cometi outra ilegalidade (só conto porque os crimes já prescreveram!): as marcas no palco de Bethânia são feitas por pequenas estrelas prateadas. É assim que ela se guia pra saber as posições certas e não ficar fora da marcação da luz. Pois bem, no último dia da temporada, eu não me aguentei e roubei uma dessas estrelas. Isso mesmo, me debrucei no palco e, *vrap*, arranquei a estrela. Tenho até hoje, guardo como se fosse um troféu.

Num dos momentos marcantes (eram muitos), Bethânia colava as costas nas costas do Toninho Horta, que assinava a direção musical e tocava guitarra e violão. E cantava "Modinha" ("não, não pode mais meu coração viver assim dilacerado").

Numa das críticas do show estava escrito que este instante era "o ápice da consagração definitiva". Que tal? Tenho um amigo querido, o Zé Carlos, que conheci ainda na faculdade. Fomos a muitos shows de Bethânia juntos, usamos várias músicas dela como trilha sonora de tantos momentos nossos, de farras e de fossas fenomenais. Pois bem, essa expressão da crítica entrou com tudo nos nossos papos, passamos a usar pra qualquer coisa. "Que biscoito gostoso! É o ápice da consagração definitiva!". "Que camisa linda essa sua, é o ápice da consagração definitiva!". Aliás, inspirados na Macabéa, sempre que um de nós tinha um problema, ligava pro outro – e repetíamos um diálogo do show:

– Me dá uma aspirina...
– Maca, por que é que você me pede tanta aspirina?
– É pra eu não me doer. Eu me doo o tempo todo. É dentro, eu não sei explicar.

O texto é tristíssimo, eu sei, mas a gente caía na gargalhada. Que saudade desses tempos!

Estrela que ficava colada no chão do palco do Canecão: nem pensei duas vezes, surrupiei!

13

No ano seguinte, grande comemoração por duas décadas de carreira com o show "Vinte anos". Mais uma vez, direção da Bibi Ferreira. Na entrada do Canecão, uma exposição de vestidos de vários espetáculos. E desenhos de cenários assinados pelo Flávio Império, que também tinha feito o dos "Vinte anos". Nessa época eu morava na Rua General Severiano, bem pertinho do Canecão. Foi moleza madrugar na fila nesse show. E madruguei também umas seis vezes. Numa das noites, saindo do camarim flutuando depois de falar com ela, escuto aquela voz que tira a gente do prumo:

– Você tá espichando, hein?!

Era isso mesmo? Ela não só tinha me reconhecido como tinha reparado em mim? Valeu a pena ir tantas vezes ao camarim! Devo ter saído do Canecão de ambulância.

Numa outra noite, caí na ilegalidade de novo e resolvi gravar o show. Era um tanto estressante, porque a fita tinha dois lados de meia hora cada, precisava ficar de olho e virar a fita quando o lado A acabava. Aqui vale um parênteses: os fãs mais antigos de Bethânia certamente lembram que, de vez em quando, rolavam, como dizer?, uns certos momentos de estresse em cena. Quando ficava irritada com o andamento da música, por exemplo, ela olhava de cara feia pros músicos e batia o pé pra marcar o ritmo que queria. Pois bem, eu estava gravando o "Vinte anos" e lá pelas tantas ela ficou irritadíssima com o ar-refrigerado muito forte. Os panos do Flávio Império que formavam o cenário balançavam como se houvesse uma tempestade tropical.

– Eu já reclamei disso várias vezes, não há saúde que resista a esse ar tão forte... – e seguiu descascando o Canecão e sua equipe.

Mas quem disse que tenho isso gravado? Foi justo na hora que acabou o lado A, o nervosismo era tanto que perdi esse momento, uma pena, afinal, um sacode da Bethânia seria um bônus e tanto pra minha gravação, né, não?

O show era um arraso. Acho que foi aí que entrou em cena o Jaime Alem, não estou bem certo. Ele seria o maestro da cantora por muitos anos. Estavam lá "as lindas vozes de Regina, Jurema e Marcos de Cândia", a bateria era do "Túúúti Moreno" e a percussão do "Djaaaalma Corrêêêa". Que delícia que é ouvir a apresentação da banda. Nunca é igual e sempre tem algum

Fita K-7 com outro
show que gravei
às escondidas

charme. Ficou famosa nas redes sociais dos fãs a apresentação do grande Jorge Helder, "o baixo mais deeeeesejaaaaaado do Brasil!". A TV Bandeirantes gravou esse show, procura no YouTube, acho que está lá. Além do repertório como sempre impecável, tem ela falando sobre as duas décadas de carreira:

– Há 20 anos eu vivo no palco. Eu nunca me senti sozinha aqui. (...) Esse show é feito do que nesses anos eu aprendi e passei adiante: amor e respeito.

Para fechar o parênteses: com a maturidade, Bethânia foi deixando de lado momentos de irritação em cena, raramente reclama na frente do público. Os músicos e as equipes técnicas das casas de show devem ter adorado a mudança. Eu confesso que sinto falta...

14

Esqueci de contar que a essa altura eu já era jornalista. Me formei no fim de 1984 e fui em busca de um lugar nas redações. Fiz alguns frilas, até virar repórter na TV Educativa (TVE), que não existe mais. Pouco depois, acumulei com o emprego de editor de texto na (também extinta) TV Manchete. Em 1988, comemorou-se o centenário de nascimento de Fernando Pessoa, bela oportunidade pra homenagear o grande poeta. Escrevi um texto para o jornal em que eu trabalhava na Manchete. Ainda

Laudas de um programa da TV Manchete sobre Fernando Pessoa, que escrevi em 1988

tenho essas páginas até hoje, tá na foto aí acima, praticamente uma peça de museu: as laudas da TV redigidas na máquina de escrever, marcadas e corrigidas à caneta... Começava citando Pessoa: "Sinto-me múltiplo...". E eu dizia: "Esta era apenas uma das fórmulas encontradas pelo poeta para explicar como uma única pessoa pode ser tantas outras, ao mesmo tempo".

Ainda em 1988, vem a notícia de que ela vai lançar o show "Maria". Pensei: é agora a minha chance de entrevistar a Bethânia! Existia um programa cultural na TVE, passava aos domingos. Eu era da reportagem geral, do dia a dia. Eles tinham decidido mandar um repórter do programa dominical pra fazer a entrevista. Ah, muito ruim isso acontecer, pensei com meus botões. Fui lá no diretor do programa, com quem eu tinha zero intimidade, e falei pro cara que ninguém na emissora sabia mais de Bethânia do que eu e ninguém faria uma entrevista melhor do que a minha. Por pena, ou pra não se aborrecer, ele me deixou fazer a entrevista.

Acertei tudo, avisei ao cinegrafista e ao auxiliar que nada podia dar errado, e saímos da sede da TVE, na Rua Gomes Freire, Centro do Rio, em direção ao Leblon, onde ficava o Scala, lugar do espetáculo, e que também não existe mais. O trânsito estava um inferno, e comecei a entrar em pânico.

– A Bethânia é superpontual, vamos perder a entrevista – reclamei com o coitado do motorista, que obviamente nada podia fazer.

Chegamos a tempo, ainda mais porque a Bethânia se atrasou muito. O diretor era o Fauzi Arap, foi incrível ter tido a oportunidade de conhecer esse gênio. Quando Bethânia chegou, estava mega mal-humorada, iiiihhh...

Não cumprimentou ninguém e se trancou no camarim.

Por fim, ela subiu ao palco e falou com uma equipe de TV de cada vez. Em seguida, cantou "Gostoso demais" ("tô com saudade de tu, meu desejo, tô com saudade do beijo e do mel") para o registro dos cinegrafistas. Deu uma desafinada no final. Vi um músico sugerindo pra fazerem de novo e ela respondeu: "Tá bom assim".

Foi uma experiência ruim, fiquei bem desapontado. Mas artista carrega um peso muito grande, ninguém entende suas dificuldades, seus dias ruins, seus momentos de bofes virados. A gente acha que deve estar sempre rindo e pronto pra tratar todo mundo bem. Ali até era diferente, se tratava de uma relação profissional, mas deve ter havido alguma coisa, porque nunca tinha visto e nunca mais vi a Bethânia daquele jeito. Sempre foi educadíssima e muito respeitosa com os jornalistas.

15

Ela voltou ao Scala no ano seguinte com "Dadaya – As sete moradas", dirigida por outro nome do teatro, Ulysses Cruz. Não tenho muitas memórias desse espetáculo, mas a ideia era bem interessante, cada bloco de músicas representava uma morada. E ela usava um vestido vinho, bem diferente dos figurinos habituais. Mais marcante pra mim foi o show de 1990, quando comemorou 25 anos de carreira. O programa tem um belíssimo texto de Ferreira Gullar sobre ela, de onde tirei um trecho para o documentário: "A arte pode ter muitos rostos, mas tem uma única verdade: a que comove". Nada pode ser mais Bethânia do que isso.

16

Chega 1993 com uma surpresa: um convite da gravadora para um projeto especial, e Bethânia grava um disco inteiro com músicas de Roberto e Erasmo Carlos. Explosão de vendas e de execução nas rádios. E até uma versão do álbum com algumas músicas em espanhol – tive a sorte de achar e comprar um. É um charme. No ano seguinte, estreia no Canecão o show "As canções que você fez pra mim". O que mais me marcou: ela cantava "Fogueira", da Angela Ro Ro, e emendava com "Eu velejava em você", do Eduardo Dussek ("sua boca molhada, seu olhar assanhado, convite pra se perder"). Ela cantava essa música atravessando o palco de uma ponta a outra, esbanjando sensualidade, uma das coisas mais lindas que já vi na vida. Pois bem, a Angela Ro Ro, sempre hilária, sempre maravilhosa, mas sempre muito bocuda (rs), deu uma entrevista em que falava detalhes íntimos de um relacionamento da Bethânia. O que fez Dona Maria? Não reclamou, não respondeu, mas cortou "Fogueira" do show. Como "Eu velejava..." era colada, ela também foi pro saco, saiu de cena. Simplesmente uma das melhores coisas do espetáculo! Tô eu lá assistindo ao show de novo, louco pra ver essa música e... nada! Achei tão incrível a reação da Bethânia que passei uma nota sobre isso pra coluna da Danuza Leão, no "JB", devidamente publicada. E o pior: foi feito um registro em VHS desse show. O primeiro registro audiovisual de um show da Bethânia! E a música ficou fora!!!!!

Vou te dar uma ideia de como eu fiquei entusiasmado com a interpretação dela pra essa música. A jornalista Christine Ajuz, uma grande amiga, é casada com José Mário Pereira, dono da editora Topbooks. Ela ajudou a traduzir um livrinho muito engraçado que a editora lançou, "Guia prático para a vida gay", do americano Ken Hanes. Uma bobagem, de leitura leve e descompromissada, mas impensável para os dias de hoje, porque é absurdamente politicamente incorreto. Lá pelas tantas, há dicas para identificar se um cara é gay.

"Pergunte quantas vezes ele viu 'O mágico de Oz'. Mais de seis vezes depois de adulto, adicione 3 pontos de probabilidade gay". Sim, hoje o livro possivelmente seria queimado em praça pública (me julguem, mas acho divertidíssimo!).

De tanto me ouvir resmungar por causa da história de "Eu velejava...", Chris resolveu me "homenagear" no livro: "Pergunte-lhe se ele é fã de carteirinha de Maria Bethânia. Se já tiver assistido a um mesmo show da cantora mais de duas vezes, adicione 5 pontos de probabilidade gay; se souber cantar todo o repertório dela, mais 10 pontos; se revelar que se desmancha quando ela canta 'Eu velejava em você', de Eduardo Dussek, pode pôr mais 20 pontos".

Tá lá no livro!!! Não é maravilhoso? Eu fiquei "porrr aqui" com a Ro Ro, mas levei a Bethânia pro livrinho da irmandade! Hahaha.

Em tempo: não foi a mesma coisa, mas tive o consolo de ver Bethânia gravar a música nos extras do DVD/Blu-ray do show "Amor festa devoção". Ela está sentada, não é durante o show, parece algum momento do ensaio, e diz que nunca cantou essa música. Deve ter esquecido, muitos anos de carreira e muitas músicas, mas cantou sim, está inclusive no programa do show "As canções que você fez pra mim". Depois, a Biscoito Fino lançou a faixa no streaming. Linda interpretação, vale conferir.

17

Pode ser fofoca, pode ser lenda, nunca consegui apurar se é fato ou fake, mas vou contar porque acho uma história saborosa. Repito: não sei se aconteceu mesmo. Depois do sucesso do disco "As canções que você fez pra mim", a gravadora queria que a Bethânia gravasse um segundo disco com músicas de Roberto e Erasmo. Ela declinou. Contam que a gravadora mandou um superequipamento de som pra casa dela, como presente. Quando chegou, ela quis saber do que se tratava. Ao ser informada, não deixou nem descarregar, mandou voltar da porta mesmo. Não gravou o segundo volume e "pagou" o disco que faltava no contrato com a gravação ao vivo do show.

18

E eis que em 1994 a Mangueira resolve homenagear os Doces Bárbaros. Com o enredo "Atrás da Verde e Rosa só não vai quem já morreu", a escola de samba carioca falou de Bethânia, Gal, Caetano e Gil. Pra ajudar a Mangueira a arrecadar dinheiro para o desfile, os quatro fizeram um show na quadra da escola.

Os fãs ficaram loucos e foi uma correria pra conseguir ingresso. Fui com um grupo grande de amigos, compramos lugar em pé, porque, além de ser mais barato, a gente achou que ficaria colado no palco. Tolinhos. Ficamos lááááááá atrás.

O show tinha um componente a mais: Bethânia estava brigada com Gil há algum tempo, acho que há alguns anos. Ele tinha dado uma entrevista dizendo que havia artistas de direita e artistas de esquerda. Se colocou à esquerda. E disse que Bethânia e Roberto Carlos eram de direita. Nossa, a terra tremeu. Ela tirou as músicas dele do show que estava fazendo (Ro Ro, Gil... falou demais, zás, a música sai do repertório) e cortou relações. Dizem que só fizeram as pazes pouco antes do show na Mangueira, no camarim.

Lá pelas tantas, as pessoas começaram a jogar rosas no palco. Bethânia pegou uma rosa, beijou e deu para o Gil. Estava selada a paz. A TV Bandeirantes exibiu esse show, vale tentar achar em algum lugar pra ver a Bethânia cantando "A Bahia te espera", é um acontecimento. Aliás, vem cá, TV Bandeirantes: vocês nunca pensaram em transformar em DVD esses belíssimos shows que registraram? Alguns amigos zombam de mim, dizem que ninguém mais compra DVD. Me desculpem, mas fã de Bethânia compra sim. Alô, gravadora Biscoito Fino, não vale uma conversa com a Bandeirantes? São registros incríveis!

19

Bem, os Doces Bárbaros bombaram na mídia, mas não deram sorte pra Mangueira, que ficou num acanhado 11º lugar, uma tristeza. Ainda bem que a Mangueira não leva a sério esse negócio de superstição e de pé-frio, e em 2016 botou o bloco na rua outra vez, agora só com Maria Bethânia – A menina dos olhos de Oyá. O carnavalesco Leandro Vieira foi muito feliz naquele desfile, que deu o campeonato à escola. Bethânia veio majestosa no último carro, que representava o circo. Levou as duas afilhadas, ficou um charme isso. Cantou e fez aqueles gestos teatrais na Avenida inteira. Vi pela TV, mas estava lá, muito bem posicionado no Desfile das Campeãs, em que ela deixou o carro alegórico pra lá e desfilou no chão. Foi um espetáculo.

Nessa época eu já era chefe de redação da GloboNews, e a gente tinha começado a apostar pesado na cobertura do carnaval de rua, não fazíamos nada de escola de samba. Como a Globo sempre cobriu – e muito bem – as escolas, partimos para os blocos de rua. Foi um acerto, que rejuvenesceu nosso público e deu o maior pedal na audiência. Só que tinha Bethânia na Avenida, né? Quando saiu o resultado do desfile, na quarta-feira, entrei em campo: movi mundos e fundos, e a equipe de reportagem da GloboNews foi a primeira a chegar na casa da Bethânia. Gentil e felicíssima, ela deu entrevista ao lado das afilhadas. O detalhe é que houve algum problema técnico, que agora não lembro, mas nosso equipamento que poderia transmitir ao vivo não funcionava dentro da casa. O que eu fiz? Falei para o repórter gravar, pegar a mídia e colocar no ponto pra rodar. Avisamos que tinha sido gravada há instantes e, *vrau*, rodamos a entrevista bruta, sem eu ter a menor ideia do que ela estava falando nem quanto tempo durava! Um risco e tanto, mas eu queria sair na frente. E foi assim que a GloboNews, que não tinha falado uma única palavra sobre escola de samba o carnaval inteiro, foi o primeiro canal a exibir uma exclusiva da campeoníssima Bethânia.

O detalhe curioso é que tão logo saiu o resultado dando a Mangueira como campeã, comecei a ser bombardeado de mensagens dos amigos me dando os parabéns pela vitória. Isso mesmo, parabéns pra mim! Hahaha. Nenhum amigo meu consegue ouvir falar de Bethânia sem lembrar de mim. Por que será, né?

20

Mas vamos voltar à ordem cronológica dos shows. Chegou um momento extraordinário, um espetáculo daqueles pra gente nunca mais esquecer. Era 1996 e Bethânia entrou em cena com "Âmbar – Imitação da vida", todo entremeado, ligado, costurado e recheado com textos de Fernando Pessoa:

– Para ser grande, sê inteiro: nada teu exagera ou exclui. Sê todo em cada coisa. Põe quanto és no mínimo que fazes. Assim em cada lago a lua toda brilha, porque alta vive.

Tão definitivo que está gravado no túmulo do poeta, no Mosteiro dos Jerónimos, em Lisboa. Fiquei muito emocionado quando vi essas palavras ali. E, claro, tirei milhões de fotos, praticamente me abracei ao monumento em homenagem a esse geminiano incrível.

Bethânia estava fazendo 50 anos. Antes de entrar em cena, ela cantava em off a música "Imitação", do Batatinha: "Ninguém sabe quem sou eu, também já não sei quem sou". Foi daí que tirei o nome do documentário.

Bem, quem não sabia quem era Bethânia descobriu em grande estilo nesse show. Um texto mais lindo que o outro, repertório afiado e a apoteose:

– Todas as cartas de amor são ridículas. Não seriam cartas de amor se não fossem ridículas. (...) Mas, afinal, só as criaturas que nunca escreveram cartas de amor é que são ridículas.

A plateia ia abaixo quando ela falava isso no meio da música "Mensagem" ("quando o carteiro chegou e o meu nome gritou com uma carta na mão"). Tão extraordinário que ganhou as rádios, um feito e tanto tocarem uma música que tinha um texto no meio!

Estudei na faculdade com o Mario Fernando Canivello, que divulgava o show. Um amigo querido, que me levou ao camarim depois do espetáculo. Como nunca tive medo de ser cafona, mandei:

– O Pessoa é incrível. Eu acho que Deus queria provar que existia, e aí criou o Pessoa. (*pausa*) Mas aí, com o tempo, Deus achou que as pessoas tinham esquecido que ele existia. E achou por bem dar mais uma prova da existência dele. (*pausa mais curta*) Então ele criou **você** pra declamar Fernando Pessoa.

Sim, é beeeem cafona, mas todo mundo que estava em volta fez "ohhhhh". Tá bem, pode ter sido "ohhhh, que cafona". Mas ela gostou, e é isso que importa. Como eu sei? Quando eu me virei pra sair, ouvi aquela voz:

– Olha!

Me virei, claro, quem desobedece a Bethânia? Tá maluco?

– (*um tanto emocionada*) Muito obrigada!

Fui pra casa flutuando. E ainda levei o programa incrível do show, um dos mais bonitos que já vi. Uma onça na capa, todos os textos que ela falava de Pessoa em diagramação de extremo bom gosto, fotos lindas da cantora e ainda com um CD com aquele poema "Para ser grande, sê inteiro..." – e uma gravação de estúdio de "Segue o teu destino", poema de Ricardo Reis (um dos heterônimos de Pessoa) musicado por Sueli Costa.

Cereja do bolo: o show tinha direção e roteiro de Fauzi Arap. Quem viu ou vier a assistir ao documentário vai entender a profunda ligação entre os três (Maria, Fauzi e Fernando).

21

Ser fã de Bethânia é também ser muito paciente. Fiquei louco quando a ouvi cantando "Sábado em Copacabana" no show "Mel". Levou anos até a música voltar ao repertório e ser registrada em CD e DVD ao vivo. Assim foi também com "Outra vez". Lembra que eu falei que ela cantava no Teatro da Praia, olhando na direção do balcão, no segundo andar, e todo mundo jurava que estava lá "a mentira sincera, brincadeira mais séria que me aconteceu"? Pois bem, muitos anos depois, em 1999, a música voltou ao repertório no show originado do CD "A força que nunca seca". Não teve registro em vídeo, mas saiu um CD duplo incrível batizado de "Diamante verdadeiro". Era um show e tanto! Pude ver Bethânia cantando a lendária sequência da "Suíte dos pescadores", que eu ouvia sem parar no LP/CD "Rosa dos ventos". Não por acaso, direção e roteiro também de Fauzi Arap.

22

Chega 2001 com o show "Maricotinha", em que Bethânia comemorou seus 35 anos de carreira. Fiz aqui as contas e fiquei meio perdido, porque ela estreou em 1965, mas, enfim, a festa foi em 2001, e uma das marcas foi ela falando, com aquele charme irresistível: "Maricotinha faz 35 anos...".

Mas vamos pela ordem. Primeiro saiu um disco de estúdio com esse mesmo nome. Em seguida, ela reuniu um timaço no Canecão pra comemorar a data. Chico, Gil, Caetano, Nana, Edu, Adriana Calcanhoto, Carlos Lyra, Arnaldo Antunes, Chico César e por aí vai... Única apresentação. Não consegui comprar ingresso, mas quem divulgava o evento? O Canivello, aquele querido amigo dos tempos da faculdade.

— Jardim, não tenho mais ingresso, posso te conseguir credencial, mas aí você vai ter que assistir ao show em pé.

Moleza pra gente isso, né? Já vi show agachado na beira do palco, em pé na Mangueira, vou perder esse encontro histórico por causa disso? É ruim, hein?!

Em 2013 a Biscoito Fino lançou CD e DVD com o registro do show. Deve estar no streaming também, corre pra ver. Um selinho na Calcanhoto que ganhou a capa dos jornais, Bethânia e Ana Carolina cantando de óculos coloridos, Nana sambando em "Maricotinha" (foi ela, aliás, quem ensinou a música pra Bethânia), um arranjo lindo de "O que é o que é" e o encontro mágico com Chico Buarque, em que escorre amor e admiração. E eu vi tudo ao vivo, inesquecível.

A credencial que me permitiu ver o show "Maricotinha": os ingressos estavam esgotados

23

Não acabou aí. Ela montou um show, o "Maricotinha ao vivo", gravado no Rio e que saiu em DVD. E virou também CD ao vivo, registrado em São Paulo, em dezembro de 2001. Foi o primeiro dela na Biscoito Fino, até aqui uma gravadora nova e bem conceituada, mas ainda sem um nome de peso no cast. Bethânia estava meio cansada do esquema das gravadoras tradicionais, vinha dando sinais disso em várias entrevistas. Dizia que não havia bom repertório pra fazer um disco de qualidade por ano. Largou tudo e seguiu pra Biscoito. Foi um Deus nos acuda. Começaram a sair matérias dizendo que Bethânia estava sem espaço nas grandes gravadoras, davam a entender que era o fim. Quanta bobagem. Era na verdade um recomeço. E que recomeço. Livre e feliz, passou a produzir como nunca. Em duas ocasiões, lançou dois discos de uma vez! Pra quem não queria lançar um por ano... Criou um selo dentro da Biscoito, o Quitanda, que gravou trabalhos incríveis de outros artistas e dela mesma, como o "Brasileirinho", sobre o qual falaremos mais adiante. Depois dela, vários artistas de peso foram para a gravadora considerada "pequena".

Vi "Maricotinha" também umas seis vezes. Inesquecível a interpretação pra "Sob medida" ("se você crê em Deus erga as mãos para os céus e agradeça"). Lá vinha de novo "Baila comigo" – o tempo passou, mas ela ainda se deitava no palco pra cantar. Numa das vezes fui sozinho. O lugar que consegui comprar não era grande coisa, mas um amigo estava numa mesa lá na frente, tinha uma cadeira vaga, e me convidou pra ficar com ele. Nesse dia, logo no começo do espetáculo, deu um problema horrível no sistema de som. Ela, claro, reclamou e saiu de cena dizendo que só voltaria se resolvessem a situação. Sério? Eu consigo sentar lá na frente e ela ameaça cancelar o show? Que dureza. Dez minutos, 15 minutos, nada. Antes de a primeira lágrima escorrer, anunciaram que Bethânia voltaria e faria tudo de novo, desde o começo. E ela deu um show, cantou lindamente, com uma garra inesquecível.

Uns anos antes, o DVD começou a virar febre no Brasil. Era caro e eu não via muita razão pra gastar aquele dinheiro todo. Pensei: só vou comprar um aparelho desses quando a Bethânia lançar o seu primeiro DVD. Eu já trabalhava na Globo, editava as matérias do Rio pro "Jornal Nacional" e lembro do William Bonner falando maravilhas do aparelho, ele sempre amou tecnologia. E carros. Tecnologia eu trato com o devido respeito, e carro eu tenho só porque gosto de ser independente, mas sinto preguiça até de botar gasolina. Ele tentava me convencer a comprar um DVD, e eu nada. Bem, estava eu um dia andando por um shopping e pá: dou de cara com o DVD de "Maricotinha". Comprei, segui pra uma loja de eletrodomésticos e comprei o aparelho. Fui todo pimpão pra casa, pra instalar e assistir ao primeiro DVD da Bethânia. Tragédia: minha TV era antiga e o aparelho de DVD não ligava nela. Sério isso? Eu com o DVD do show na mão sem poder ver?? Lembrei que meu amigo Roberto tinha o aparelho e liguei pra ele. Lá fui eu ver – de favor! – minha primeira Bethânia em DVD. Claro que não deixei meu amigo abrir a boca. Bethânia em casa tem que ser como no show ao vivo: em silêncio e em contemplação. Chorei feito uma criança. Eu, que via cada show milhares de vezes pra guardar tudo na memória, agora ia ter esse registro pra sempre. Emocionante demais pra mim. Mas claro que continuo assistindo a cada show muitas vezes ao vivo!

24

A essa altura eu já conhecia pessoas próximas ao universo profissional da Bethânia. Por essa razão, ganhei, antes de chegar às lojas, o CD "Brasileirinho". Era 2003. Projeto lindo, voltado para o interior do país, músicas sobre santos, caboclos, textos de Guimarães Rosa, ou seja, nada comercial. Pensei: lindo, mas vai ser um fracasso de vendas, acho que ela exagerou.

Viajo pra Búzios. Estou eu caminhando por uma rua e escuto aquela voz inconfundível. Era uma música do disco tocando em algum lugar. Ando mais um pouco, outra música. Aí ela fez um show e quebrou tudo. A crítica ficou louca, o público lotou o Canecão, só se falava em "Brasileirinho". O país estava numa daquelas fases difíceis, desânimo geral, e esse mergulho nas nossas raízes deu um *up* em todo mundo. Ela é foda.

Eu tive a felicidade de estar no Canecão quando o DVD foi gravado. Nana Caymmi, Denise Stoklos, os meninos do Tira Poeira. Logo na abertura, um vídeo com o Ferreira Gullar lendo "O descobrimento", do Mário de Andrade: "Esse homem é brasileiro que nem eu". E toma-lhe de um Brasil esquecido e muito pulsante, com direito a "Comida", dos Titãs, que levava o Canecão ao delírio: "A gente não quer só comida, a gente quer comida, diversão e arte". Nunca vai deixar de ser atual.

Havia ainda uma linda participação da Miúcha, por quem Bethânia tinha grande admiração. Aliás, muitos nos depois, em 2018, Miúcha estava bem doente, lutava contra um câncer. Quando nada mais podia ser feito, Bethânia aconselhou a amiga a ficar perto do mar. Miúcha se instalou num hotel na Avenida Atlântica e ali se despediu de parentes e amigos, num clima de descontração. Chegou a ser publicada uma foto dela fumando, feliz, o mar ao fundo.

25

Bethânia lança um disco em homenagem a Vinicius de Moraes e volta ao Canecão em 2005 com o show "Tempo tempo tempo tempo". Houve um certo estranhamento de parte da crítica, porque, embora baseado no disco, o show não era todo ele uma homenagem a Vinicius. Bethânia deu uma ligeira repaginada para deixar claro (como se precisasse!) que ela nunca foi e nunca será óbvia, e que é perfeitamente possível homenagear o Poetinha – e ainda assim fazer um espetáculo com um repertório mais amplo. Era uma beleza, e o programa do show, um luxo: fotos espetaculares e as letras das músicas escritas na sequência, sem títulos, tudo corrido, como se fosse um texto de peça teatral. Ela é foda – e é chique. Muitas fotos, de autores diversos, muitas da incrível Marisa Alvarez Lima, que já fez até um livro sobre Bethânia em 1981. Eu fui no lançamento no Museu de Arte Moderna. Tímido e sem intimidade com ninguém, fiquei espiando Bethânia de longe.

O show "Tempo tempo..." virou um DVD antológico. Nessa época, eu era coordenador do Rio para os jornais de rede da Globo, incluindo o "Jornal Nacional". Convenci o Bonner a fazermos uma matéria sobre o aniversário do Rio, no dia 1º de março. Ele, com toda razão, priorizava as datas redondas pra fazer esse tipo de matéria (25 anos, 50, 100...). Mas bolei uma pauta que o dobrou: ouvir cariocas de adoção, anônimos e artistas de outros estados que se apaixonaram pelo Rio e decidiram viver na cidade. Entre eles, um gaúcho que virou pescador em Copacabana, Alcione, Vera Fischer. E, claro, a baiana Bethânia. Mandei uma equipe para o Canecão pra gravar um momento incrível: Bethânia falava o texto "Cartão postal", do Vinicius, linda homenagem ao Rio. Um trechinho:

"Rio de Janeiro
Meu 'Riozinho' de Janeiro
Minha São Sebastião do Rio de Janeiro
Cidade bem amada!
Aqui está o teu poeta para dizer-te que te amo."

Em seguida, vinha na matéria uma fala da Bethânia sobre seu amor pela cidade. A reportagem ficou linda. Uma pena que o DVD do show tenha sido gravado em SP e lá ela não falava esse texto em cena. Mas você consegue ouvir Bethânia falando "Cartão postal" no CD "Menino do Rio", que a Mart'nália lançou em 2005. Bethânia assina a direção e produção artística do disco, e o poema está na faixa "São Sebastião", também uma homenagem ao Rio.

26

2006 foi um ano e tanto. Ela lançou dois discos de uma vez, "Pirata" e "Mar de Sophia", este com textos da portuguesa Sophia de Mello Breyner – água pra todo lado, uma beleza. A junção dos dois álbuns deu no show "Dentro do mar tem rio", que ganhou lindos registros em CD duplo, DVD e Blu-ray. No lançamento do show produzimos uma matéria para o "Jornal da Globo". A repórter Mila Burns foi fazer a entrevista e, muito querida, voltou com um autógrafo no CD "Mar de Sophia": "Jardim – um beijo – Maria Bethânia 06".

E saiu a notícia de que Andrucha Waddington estava fazendo um filme sobre a cantora pela Conspiração Filmes. Delicioso registro de momentos raros, traz imagens incríveis de Bethânia em família. O destaque é, sem dúvida, a serenata na varanda dos Veloso, a matriarca Dona Canô cantando entre Bethânia e Caetano, com direito à presença de outros irmãos e de uma bem jovenzinha Mariene de Castro.

A equipe de Bethânia sabia que eu já tinha trabalhado no "Fantástico" e, na época do lançamento do filme, em 2007, me pediu ajuda pra oferecer ao programa uma música desse encontro antológico na varanda mais famosa de Santo Amaro. A Conspiração temia pirataria, bem comum naquela época. Por isso me mandou um DVD com o filme completo acrescido de uma marca d'água. É essa marca que hoje em dia você vê com hashtags nos programas. E que marca d'água eles mandaram nesse DVD? Simplesmente "Carlos Jardim". Eu sei, é uma bobagem, mas imagina a minha emoção: vi o filme antes de ser lançado e ainda com o meu nome estampado lá! O "Fantástico" topou exibir a música e foi um lindo momento do programa – naturalmente sem o meu nome na tela (que pena! hahaha).

27

Por falar em "Fantástico", a primeira vez a gente nunca esquece. Entrei na Globo em 1997, como editor de texto do "Fantástico". Certo dia me deram pra editar uma matéria sobre ácaros, que estavam começando a ser muito falados naquela época. Eram imagens incríveis, feitas com lentes potentes. Dava muita aflição ver aqueles ácaros gigantes, sabendo que estavam em todos os lugares.

Não pensei duas vezes: terminei a matéria com um sobe som de Bethânia que tinha tudo a ver com essa sensação de aflição versus a impossibilidade de nos livrarmos deles: "Bem melhor é seguir o antigo provérbio que consola a gente: o que os olhos não veem o coração não sente".

Pois é, minha estreia com Bethânia na Globo foi com uma matéria sobre ácaros. Mas a gente tem que começar de alguma maneira, né?

28

Em 2008, ela recebeu Omara Portuondo para um disco belíssimo, que rendeu uma turnê maravilhosa, registrada num DVD colorido – visual e sonoramente. E, no ano seguinte, mais um daqueles momentos mágicos, daquelas coisas de que só Bethânia é capaz, por ser tão inesperado quanto fora do rumo normal. Convidada pela Universidade Federal de Minas Gerais (UFMG), ela preparou o delicado e arrebatador "Bethânia e as palavras". Acompanhada por apenas dois músicos, ela canta pouco e recita muito: Pessoa (claro), Guimarães Rosa, Manoel Bandeira, Drummond e por aí vai. Levou o espetáculo a escolas e teatros do país.

E, em 2015, quando Bethânia comemorava 50 anos de carreira, a UFMG lançou um livro reunindo todos os textos e letras de músicas: "Caderno de poesias" é um assombro, mostra como "uma cantora popular" (como ela costuma se referir a si mesma) é capaz de entender, traduzir, espelhar um país e sua cultura através da palavra. O livro tem ilustrações lindíssimas de artistas como Portinari e Tarsila do Amaral. E vem com o DVD do show. Um luxo. Tive a felicidade de ver o show mais de uma vez no teatro. E ainda recebi o livro de presente. Mary Debs, que há muitos anos divulga os trabalhos de Bethânia, me escreveu: "Querido, Bethânia fez questão de te mandar um livro com autógrafo".

Olha que dedicatória mais delicada: "Carlos Jardim, obrigada pelo carinho demonstrado em todo esse ano comemorativo da minha carreira. Um beijo, Maria Bethânia 2015".

Emoção em estado puro. Já já vamos falar sobre os 50 anos de carreira.

Ainda em 2009, ela vem com o show "Amor festa devoção", com repertório dos discos "Encanteria" e "Tua", lançados simultaneamente. O show – que se estendeu até o ano seguinte – era basicamente em homenagem aos 100 anos de vida da mãe da artista, Dona Canô, e tinha momentos mágicos, como Bethânia sentando numa cadeira (eu nunca tinha visto, sempre era algum objeto como um cubo ou uma imitação de tronco de árvore). Sentada ali, ela cantava uma inesquecível versão de "Queixa" ("um amor assim delicado, você pega e despreza"), do irmão Caetano. Já de pé, e mais expressiva do que nunca, vinha com "Balada da Gisberta" ("vesti-me de sonhos, hoje visto as bermas da estrada, de que serve voltar, quando se volta pro nada"). Essa música encerrava o primeiro ato e ela deixava o palco andando bem devagar, muito dramática, microfone pra

Imitações de pétalas do show "Amor festa devoção", que também peguei

baixo, uma novidade que levava os fãs ao delírio. O palco era coberto por imitações de pétalas de rosas vermelhas, muito bonito. Não resisti e cometi mais uma ilegalidade: peguei algumas dessas pétalas pra mim – guardo até hoje, espia aí em cima.

Repare que falei que a música "encerrava o primeiro ato". É isso mesmo. Shows de música costumam ter primeira e segunda parte. Os de Bethânia têm primeiro e segundo ato. Teatro, dramaturgia, uma história sendo contada.

29

Em 2010, eu sugeri ao "Jornal Hoje" um quadro que seria feito pela repórter Renata Capucci. Batizei informalmente de "Volta ao passado": exibir imagens e entrevistas antigas para o/a entrevistado/a e ver o que a pessoa tinha a dizer sobre aqueles temas nos dias de hoje.

Claro que convidei a Bethânia para estrear o quadro, e ela aceitou prontamente. Eu mesmo selecionei os trechos de arquivo que mostraríamos, e combinei as perguntas com a Capucci. O resultado foi muito bom, Bethânia deu um show e ficou bem claro o caminho de coerência e consistência que percorreu através dos anos.

A surpresa veio depois. Nenhum outro artista – cantores/as ou atores/atrizes – topou participar do quadro. As assessorias respondiam, constrangidas, que fulano/a preferia não revisitar o passado. Mais mil pontos pra Maria Bethânia: quem tem um presente tão sólido, contundente e coerente como ela não tem o menor receio de visitar o passado. Vale repetir: ela é foda.

30

Nesse mesmo ano de 2010 ela foi homenageada com a Ordem do Desassossego. Há em Lisboa a Casa Fernando Pessoa, meio casa de cultura, meio museu, perfeita pra conhecer melhor a obra do grande poeta. É um charme, porque é a casa onde o escritor morou nos últimos anos de vida. Pois bem, eles resolveram homenagear Bethânia e a professora Cleonice Berardinelli pela divulgação da obra de Pessoa. Não consegui escapar do trabalho pra ir assistir à cerimônia, mas mandei uma equipe fazer reportagem pro "Jornal da Globo". Lembro bem que chamei o repórter cinematográfico e o orientei a gravar na íntegra tudo o que Bethânia falasse: "Presta atenção, por favor: ela abriu a boca, senta o dedo no botão de gravar e só tira quando ela acabar". Depois mandamos o material pro Acervo da Globo e pedi que guardassem na íntegra. Naquela época, nem de longe passava pela minha cabeça fazer um documentário sobre a artista, mas foi graças a essa iniciativa que eu pude usar no filme a arrebatadora leitura que ela fez do poema "Nossa Senhora do Silêncio".

Anos depois, Bethânia e a professora Cleonice (uma das maiores e mais respeitadas especialistas em Pessoa em todo o mundo) fizeram um filme juntas, lendo textos do poeta. Lindamente dirigido por Marcio Debellian, todo em preto e bran-

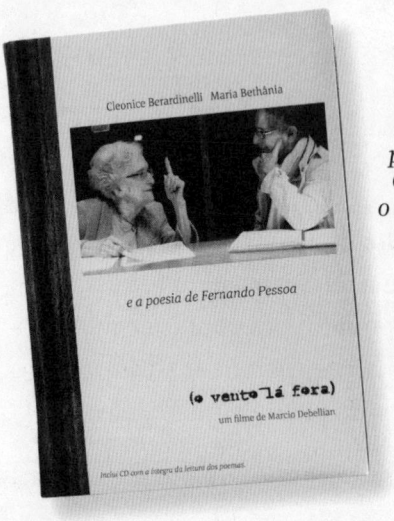

DVD de Bethânia com a professora Celonice e o autógrafo para mim

co, mostra a sessão de leitura, os bastidores das duas ouvindo as gravações e conversas entre elas. Simplesmente imperdível. Vi no cinema e saí correndo pra comprar assim que a Biscoito Fino lançou em DVD. A Mary Debs, sempre muito gentil, avisou que me mandaria uma cópia, mesmo eu dizendo que já tinha. E mandou com um bilhetinho fofo: "Jardim, nada mais que merecido você ter com o autógrafo da Abelha-Rainha. Aí está. Beijos, Mary".

Quanta delicadeza. A dedicatória era curtinha, mas sempre um carinho no coração de um fã: "Carlos Jardim, um beijo, Maria Bethânia, 2014".

31

Em 2011, ela faz um show matador, só com músicas de Chico Buarque. Projeto de um banco, em que um intérprete cantava músicas de um só compositor. Bethânia escolheu ir de Buarque, claro. Encontro do repertório do grande compositor com sua maior intérprete. Tive a felicidade de estar na plateia no mesmo dia em que Chico – desses privilégios de morar no Rio. Pura emoção.

Vêm 2012 e o disco "Oásis de Bethânia", simples e de instrumentação enxuta. O destaque era "Carta de amor", música de Paulo César Pinheiro entremeada por forte texto de

Bethânia. Não sei vocês, mas eu achei que era uma resposta às críticas que ela recebeu na época em que surgiu a ideia da criação do site "O mundo precisa de poesia". O Ministério da Cultura havia autorizado a captação de R$ 1,3 milhão para o projeto, muitos consideraram o valor elevado demais, e o mundo caiu na cabeça de Bethânia. A assessoria da cantora explicou a ideia e respondeu às críticas, mas ela se calou. E cancelou a participação no projeto. Acho que deu a resposta no texto de "Carta de amor":

"Eu posso engolir você, só pra cuspir depois
Minha fome é matéria que você não alcança
Desde o leite do peito de minha mãe
Até o sem fim dos versos, versos, versos
Que brota do poeta em toda poesia sob a luz da lua
Que deita na palma da inspiração de Caymmi".

Engolir você pra cuspir depois, versos, brota do poeta em toda poesia – não parece uma resposta a quem falou mal dela no projeto de leitura de poemas? Pois ela transformou o disco em show e deu o nome exatamente de "Carta de amor". No DVD, preste atenção em "Na primeira manhã", do Alceu Valença. O arranjo é um espetáculo. E ela interpreta a música como uma atriz. Fico arrepiado toda vez que vejo.

32

No fim de 2011 recebi um convite para participar de um projeto ultrassecreto na Globo: Fátima Bernardes ia sair do "Jornal Nacional" para comandar um programa no entretenimento. Fui junto. Estreou em julho de 2012. Fiquei só um ano e então mudei para a GloboNews. Tenho boas recordações desse período, mas uma me diverte muito: um dia foi ao programa o humorista Gustavo Mendes. Fátima e equipe sabiam, claro, da minha paixão por Bethânia, quem não sabe? Combinamos de o talentoso Gustavo imitar a cantora. Ele escolheu uma música, achei que não era tão boa pra uma imitação e pedi pra ele cantar (à capela mesmo) um trecho de "Fera ferida". Ele topou – e deu um show, foi muito aplaudido pela plateia do programa. Então, Fátima virou pra câmera e falou, em close: "Carlos Jardim, essa foi pra você!". Hahaha! Ninguém em casa entendeu nada, mas eu adorei a homenagem. Sempre muito delicada, a Fátima.

33

Chega 2015 e faz-se novo alvoroço nos fãs-clubes: Bethânia completa 50 anos de carreira! Eu jamais deixaria a data passar em branco e preparei uma matéria especial para a GloboNews. Havia um quadro chamado "Memória" no jornal da GloboNews "Edição das 10h" (da manhã). Separei entrevistas antigas, músicas marcantes e produzimos uma reportagem gigantesca, de cerca de 20 minutos! Isso é uma loucura em termos de tempo pra televisão, mas não é todo dia que a MPB tem uma data tão gloriosa, não é verdade? Depois da matéria, eu ainda coloquei uma imagem daquela famosa caixinha dourada que Bethânia usa como colar, e explicamos que se tratava de um presente de Mãe Menininha, e que ninguém sabia o que tinha dentro, nem a própria Bethânia. E então vinha uma última música, e no roteiro estava determinado até o momento certo para começarem a rodar os créditos de encerramento do jornal. Os colegas da equipe sabem como eu gosto da Bethânia e sempre ficam meio tensos quando tem material da cantora pra entrar no ar. Mas eu vi que podia estar exagerando quando os apresentadores do jornal vieram falar comigo no final, um tanto tensos...

– Fico mais nervosa quando tem Bethânia no jornal do que quando acontece algum factual forte e a gente fica horas direto ao vivo – me disse a apresentadora. Que loucura!

Poucos dias depois da exibição desse material, fui ao show comemorativo dos 50 anos no Vivo Rio, ali no Aterro do

Flamengo. Quando cheguei ao camarim pra falar com ela, várias pessoas da equipe tinham visto a matéria:

– Foi você quem fez aquela reportagem? Nossa, ficou muito boa, parabéns! – disse uma moça, que só depois vim a saber tratar-se da estilista Gilda Midani.

Bethânia não tinha visto, disse que muitos amigos elogiaram – e agradeceu. Nessa altura, minha pressão já devia estar 28 por 16! Tirei foto com ela, foto linda, abraçados, ela com a mão no meu peito, na altura do coração. Ampliei e emoldurei, claro! Tá na minha parede. E também na orelha do livro, espia lá.

Um parêntese: eu e Maria Beltrão brincamos de competir sobre quem ganha mais atenção da Bethânia. Quando fiz essa foto, tirei a maior onda com a cara da Maria. Pois ela me contou que foi ao camarim e falou na hora da foto: "Bota a mão aqui no meu coração!". Hahaha! Bethânia não entendeu nada.

34

Um dos muitos eventos de gala para comemorar meio século de carreira seria um show com vários artistas convidados, no Theatro Municipal do Rio. Acertei com a produção da cantora que mandaria uma equipe pra fazer uma entrevista ao vivo com ela no "Estúdio i". A Maria Beltrão pirou! E ainda tínhamos a Flávia Oliveira na bancada, outra fã desesperada.

Maria perguntou sobre Bethânia só cantar o que quer e o que gosta ao longo desses anos todos:

– Eu não sei mentir. Eu, como todo mundo, minto, mas na cena eu não acerto (*mentir*). Então eu vou fazendo as minhas verdades.

Flávia comentou sobre a brasilidade do seu canto. E ela:

– Acho lindo esse Brasil de dentro, esse Brasil que não é vendido, não é enganoso, não é traidor. Eu sou cabocla, eu sou do interior, permaneço assim, mas... aprendi a pisar no Municipal – e dá aquele sorriso que derrete a gente.

Maria Beltrão tocou na questão central: o palco.

– Olha, é diferente de tudo. Caetano diz que eu durmo diferente do que eu sou, porque eu durmo muito suave, segundo ele. Eu durmo quietinha, mansa...

E aí se lembrou do comentário do Chico Buarque quando fizeram show juntos no Canecão, em 1975:

– O Chico dizia assim: é difícil porque a Bethânia, quando entra, ela é outra. E quando eu entro eu sou o Chico, não muda nada (*risos*). É meu lugar de prazer, eu vivo para isso.

A produção do show tinha combinado um tempo com a gente, mas o papo estava tão bom, Bethânia estava tão descontraída, tudo corria tão maravilhoso, que fui mandando seguir com a entrevista, que ficou imeeeeensa. Lá pelas tantas, o desespero da produção era tanto que Bethânia gentilmente encerrou a conversa:

– Gente, nós paramos o ensaio (*risos*), a produção está desesperada aqui, preciso encerrar a entrevista.

35

Uma belíssima exposição no Paço Imperial, no Rio, também fez parte da celebração do meio século de carreira. Idealizada por Ana Basbaum, amiga e produtora executiva de Bethânia há muitos anos, "Maria de todos nós" tinha 1.400 peças relativas ao universo da artista: religiosidade, elementos da natureza, arte popular, poesia... Fotos, bordados, objetos – uma beleza. Do lado de fora do Paço, foram pendurados panos com textos impressos escolhidos pela cantora, ideia maravilhosa. Bethânia gostou tanto que visitou a mostra várias vezes. E eu também, claro. Fiquei perplexo comigo mesmo, por reconhecer tantas fotos e momentos da carreira. Quer um exemplo? Olhei uma foto e falei na hora:

– Essa foto ilustrou uma capa do Caderno B, do "Jornal do Brasil". Era uma crítica de Maria Helena Dutra sobre o show "Nossos momentos" com o título: "Maria Bethânia – Finalmente um mito".

Não tinha nenhuma informação dessas lá, apenas a foto. E eu me lembrava de tudo. Meus amigos ficaram absolutamente chocados e não sabiam se riam ou me colocavam numa camisa de força. Claro que eu fui à noite de abertura da mostra. Mandamos uma equipe de reportagem, depois de ter acertado com a querida Mary Debs uma entrevista exclusiva com a cantora, uma verdadeira epopeia. Não sei bem como o time dela planejou tudo, mas nossa equipe ficou num lugar meio longe.

A exposição abriu e Bethânia teve que passar entre o numeroso e agitado público pra chegar até nós. Estava num mau humor danado (rs). Como seria dentro de um jornal ao vivo, Bethânia teve que esperar um pouquinho até entrar no ar. E o mau humor? Bem, não dá pra criticar, a situação era complicada mesmo. Pedi um pouco de paciência pra ela, que me lançou um olhar daqueles, mas esperou. A apresentadora do jornal era a Leilane Neubarth, outra fã apaixonada de Bethânia, e de quem a cantora gosta, ufa. A entrevista foi ótima, ela foi maravilhosa como sempre. Mas, enquanto falava pra nós ao vivo, vários jornalistas foram chegando e ficando de tocaia, esperando o nosso link sair do ar. Quando a entrevista acabou e ela se virou pra ir embora, pimba, foi cercada por uma multidão de repórteres e teve que falar com eles por um longo tempo. Fiquei com tanto medo de receber a culpa por aquilo que nem apareci no coquetel depois da abertura, vai que ela me lança aquele olhar de novo? Hahaha.

36

Mais festa em 2016: Maricotinha faz 70 anos de idade! Mas, antes da efeméride em junho, Bethânia foi convidada pra reinaugurar a Concha Acústica do Teatro Castro Alves, em Salvador, que tinha passado por dois anos de reformas. Chega um material de divulgação sobre o evento e eu imediatamente mando um e-mail pra Mary Debs, propondo uma entrevista com Bethânia.

A TV Bahia, afiliada da Globo, ia cobrir a reabertura da Concha, mas não conseguiu marcar entrevista. Aliás, ninguém. A assessoria de imprensa do evento era feita por uma agência do Rio, estavam todos atônitos porque Bethânia, a maior atração da reabertura, não daria entrevistas. Uma jornalista que trabalhava na assessoria era casada com um colega nosso na GloboNews. E contou o bastidor: "A assessoria pessoal da Bethânia avisou que ela não vai gravar entrevistas. A única exceção será para a GloboNews, porque ela gosta muito do chefe de jornalismo de lá".

Que tal? Como diz uma fala atribuída a Muhammad Ali (e também ao Tim Maia), "às vezes tento ser modesto, mas aí começam a me faltar argumentos". Acertei tudo e pedi pra TV Bahia gravar a entrevista. Mandei um roteiro de perguntas, que foi muito melhorado pela querida repórter Patrícia Nobre. Gravamos na véspera do show. Uma entrevista longa, na hora da edição muita coisa ficou fora. Um pouco do que ela falou:

Sobre a reinauguração:

– Eu fiz o (*show do*) aniversário de Salvador, no Farol (*da Praia da Barra, em março de 2015*), e foi uma coisa muito bonita pra mim, todo mundo beijava muito na boca, tinha muita animação, as pessoas cantavam tudo. É mais ou menos nesse estilo, a plateia também está inaugurando a Concha.

Sobre os vários eventos em 2015 para comemorar os 50 anos de carreira:

– Um ano nobre, elegante, gostosíssimo de viver. Muito trabalho, um suadouro, mas é inesquecível pra mim, um ano encantado.

Sobre os 70 anos – que ela faria alguns meses depois. Vai ter tanta festa?

– Não, não, vai ser mais suavezinho. Eu quero fazer um disco agradecendo aos compositores que fizeram os sambas--enredos da Mangueira (*nota: ela cumpriu a promessa, e o disco "Mangueira – A menina dos meus olhos" foi lançado pela Biscoito Fino em 2019*). Eu tenho vários projetos pequenos... 2016 vai ser um pouquinho mais off que 2015...

Aproveitamos pra perguntar sobre a fase criativa depois de trocar as grandes gravadoras pela então pequena Biscoito Fino. Deu mais liberdade?

– Ah, sem dúvida, porque o contrato com uma multinacional... é um contrato muito bom, não estou falando mal, fui muito feliz em todas as casas em que estive, mas é um contrato assim: são três anos, são três discos. E a música deve vender, o trabalho deve vender. A Biscoito Fino foi criada por um amor à música brasileira. Então isso muda o princípio. E me fez exercitar mais o meu lado criativo.

Você tem muitas ideias ao mesmo tempo?

– Uma amiga fala sobre a minha cabeça: máquina mortífera (*risos*). Eu sou acelerada, eu sempre quero fazer alguma coisa.

O que instiga a sua criatividade?

– Eu tenho muitas perguntas que não estão respondidas (*pausa*). Aí eu tenho que mexer. Eu tenho que me obrigar a falar sobre aquilo que eu não sei. Eu não posso ficar parada porque acumula muito, perguntas demais (*risos*).

"Eu tenho que me obrigar a falar sobre aquilo que eu não sei". Não é incrível isso? Explica demais por que ela é o que é na cena brasileira. Falamos também sobre a passagem do tempo:

– Gosto de olhar pra trás, me orgulho de ver o que eu construí, na minha vida, na minha carreira. Os amigos que fiz, as escolhas que fiz no meu trabalho, como conduzo ele, a minha dedicação. Minha vida é para o meu trabalho. Eu vivo para isso. Deus não me deu marido, não me deu filhos, não me deu casa pra cuidar, me deu um ofício. E eu cuido dele, vivo para ele.

Você tem ainda algum sonho?

– Sempre. Todos os dias.

São pequenos sonhos?

– São imensos. Muito grandes. Eu acho que eu sou um milagre de Deus (*ri, suave*).

Nunca mais esqueci isso. "Eu acho que eu sou um milagre de Deus". Rodamos a entrevista no jornal e logo depois mostramos ao vivo um trecho do show que acontecia naquele momento na Concha. Estava no meio de uma música quando começamos o ao vivo. Ela acabou e entrou com "Olhos nos olhos". Era o fim do "Edição das 18h". Temos um compromisso grande com o chamado "marco" na TV por assinatura, os programas e jornais precisam começar no horário certo, em ponto. Se eu deixasse "Olhos nos olhos" inteira, eu ia tirar do marco o "Em pauta", o jornal seguinte.

– E aí, Jardim? Saímos e vamos pro encerramento do jornal?

– De jeito nenhum! Tirar um jornal do marco é ruim, mas cortar a Bethânia cantando "Olhos nos olhos" é crime de lesa-pátria. Vamos até o fim.

37

Bem, depois de fazer aquela matéria grande sobre os 50 anos de carreira, eu tinha o desafio (imposto por mim mesmo) de algo ainda mais especial para os 70 anos da cantora da minha vida. Mas o quê? Pensei: vou gravar eu mesmo uma entrevista com ela, pra falar de coisas que não costuma falar. Não era vaidade, eu nem ia aparecer, apenas tinha a convicção de que ninguém conhecia Bethânia melhor do que eu pra fazer essas perguntas (perdoe o trocadilho) olhos nos olhos.

– Mary, você faz o convite a ela, por favor?

Poucos dias depois:

– Ela agradeceu muito, mas não quer festa, quer ficar quietinha...

O que fazer então? Alguns colegas deram algumas sugestões, eu achava tudo óbvio demais, já estava quase desistindo, quando um dia, dirigindo pro trabalho – e, claro, ouvindo Bethânia no som do carro –, tive um estalo: e se eu fizer um texto especial e chamar a Fernanda Montenegro pra gravar? Fiz o convite, assim meio desanimado, achando que ela não ia topar. E não é que Fernanda disse sim? E agora? Eu não tinha nada escrito ainda! E precisava escrever alguma coisa à altura da narração da Fernanda!

Sentei em frente ao computador e mandei bala. Começava com a música "Oração ao tempo" e em seguida: "Quantos podem encarar o tempo e dizer que saíram vitoriosos?". E ainda:

"O triunfo sobre a mesmice começou muito cedo". Bom início, né? Peguei embalo e o texto nasceu em poucas horas.

Fui até a casa da Fernanda pra ela gravar o texto. Fiquei esperando ao lado de uma mesa cheia de trabalhos de leitura da atriz. Tolstói, Brecht, Shakespeare... e meu texto! Todo sublinhado e marcado. Ela estudou o texto pra gravar! Muito educada e simpática, Fernanda chegou contando que estava saindo de uma gripe fortíssima, se sentia abatida, pediu pra não ter imagens. Sem problemas.

– Vou fazer assim: vou gravar cada frase três vezes. Aí você escolhe a melhor. Pode ser?

Claro que pode, Fernanda, você pode tudo. Ela gravava e olhava pra mim, como perguntando se estava bom. Sério? A maior atriz brasileira de todos os tempos, aquela referência em arte, leitura, impostação, sabedoria, Fernanda estava esperando a minha aprovação? Tanta gente tão, mas tão menos talentosa tem tanta arrogância... Aí a gente entende por que ela é quem é.

Quando acabamos de gravar, eu falei sobre como tudo ali me impressionou. Citei uma frase do texto em que eu me referia a Bethânia: "Ninguém é grande por acaso".

– Fernanda, isso se aplica com perfeição a tudo o que eu vivi aqui. Você estudou meu texto, marcou ele todo atrás das melhores pausas, um texto de televisão, que tanta gente considera menor...

– Todo texto é muito importante!

Depois de gravar, ficamos conversando por mais de uma hora. Falamos sobre música, teatro e cinema, e sobre os filmes do Fassbinder. O que me levou a contar que vi quatro vezes a arrebatadora interpretação dela numa peça do alemão, "As lágrimas amargas de Petra von Kant", que estreou em 1984 no Teatro dos Quatro, no Rio. Faz uma eternidade, eu tinha só 21 anos, mas me lembro de tudo. Citei um trecho da peça, quando Petra conversava com a amiga sobre o ex-marido: "Você sabe como fedem os homens".

– Você lembra disso? – ela se espantou.

– Lembro t-u-d-o. Começava com você deitada, na penumbra, música incidental, a atriz Juliana Carneiro da Cunha, que fazia Marlene, a empregada da Petra, entrava dançando suavemente e abria as cortinas de repente. O quarto clareava demais e vinha sua primeira fala: Marlene, mais delicadeza, por favor.

Eu estava tão entusiasmado na minha narrativa que falei com aquela entonação característica da Fernanda: "Marlene, mais delicadeza por favor". Isso mesmo: eu imitei a Fernanda Montenegro para a própria Fernanda Montenegro!

Não resisti e peguei um autógrafo de Fernanda Montenegro no texto que escrevi

– Fernanda, eu sei que isso é cafona, mas eu não resisto: você poderia dar um autógrafo aqui nessa página com o meu texto sobre a Bethânia?

Ela sorriu e escreveu:
– Querido Carlos, obrigada por esta chance de te conhecer. Agradeço também a oportunidade de falar sobre a imensa Bethânia. Grande abraço, Fernanda Montenegro 3/6/2016.

Está devidamente emoldurado e pendurado na minha parede, embaixo do quadro com minha foto com a Bethânia (aquela em que ela colocou a mão no meu peito e matou a Maria Beltrão de ciúmes!).

38

Agradeço a Deus por ter o coração forte, porque Bethânia viu o programa narrado pela Fernanda. Foi ao ar no dia mesmo dos 70 anos, 18 de junho de 2016, um sábado. Ela viu num DVD que mandamos a pedido da equipe dela. Tô eu num dia de folga na Rua do Ouvidor, bebendo cerveja com meu amigo Roberto (aquele que me salvou com o DVD de "Maricotinha"), quando aparece no WhatsApp o nome da Mary Debs, repassando mensagem da Bethânia pra mim. Um pedacinho do que ela escreveu:
– Carlos Jardim, que beleza de programa, que homenagem tão bonita, e com a nossa Fernanda narrando, que presente

lindo e inesquecível. 70 anos bem celebrados. Muito obrigada. Posso lhe convidar para uma água de coco, uma cerveja uma tarde dessas? Um beijo, vitórias. Mb

Impossível descrever a emoção ao ler essa mensagem.

39

Que ano foi 2016! Teve ainda a participação de Bethânia no DVD/CD "O quintal do Pagodinho", o genial Zeca reunindo um time de craques no sítio dele em Xerém, na Baixada Fluminense. Gosto do Zeca Pagodinho há anos, vi vários shows dele, o primeiro no Imperator, no Méier, onde me tornei fã. Nunca poderia imaginar que ele e Bethânia um dia cantariam juntos, mas ficou clara a química entre eles no DVD, cantando "Sonho meu".

Num sábado de plantão na GloboNews, eu mostrei o clipe desse encontro pra minha colega Luciana Savaget, então editora-chefe do programa "Arquivo N". Vendo minha paixão ao falar de Bethânia, ela comentou:

– A gente precisa fazer algum programa com a Bethânia aqui pro canal, né?

– Vamos fazer! Mas o quê? Já fiz aquela homenagem especial quando ela fez 50 anos de carreira, fiz o programa quando ela completou 70 anos... Você já fez algumas edições do "Arquivo N"...

– Você nunca pensou em fazer um documentário sobre ela?
Me iluminei. O coração acelerou.
– Um documentário?
– É... com sua paixão e o seu conhecimento sobre ela, vai ficar lindo.

Concordei na hora, já começamos a imaginar como seria e, claro, a Luciana me ajudaria na empreitada. A gente precisava de uma produtora pra se juntar a nós no projeto, e a Lu me apresentou ao Gustavo Nunes, dono da Turbilhão de Ideias. Nome muito bom pra uma produtora, né? E o Gustavo, além de muito profissional, é um doce de pessoa. Tínhamos já um trio entusiasmado e focado.

Comecei a formatar o projeto, reunindo ideias e intenções. E pensei: quando a gente tomar aquela cerveja sobre a qual ela falou na mensagem, eu formulo o convite.

40

Quando foi lançar o DVD da turnê do aniversário de 50 anos de carreira, em dezembro de 2016, Bethânia deu umas poucas entrevistas. E falou para a GloboNews.

Acertei as perguntas com a repórter Mariana Queiroz e fizemos uma entrevista longa sobre "Abraçar e agradecer". Falamos da ligação com os fãs, do palco, dos textos que ela declama em cena... Como sempre, só conseguimos usar uma parte do material, muita conversa ficou fora. Ela falava, por exemplo, sobre religiosidade:

– Minha família é católica de berço, nós já nascemos com isso muito nítido, vivido a cada refeição, a cada amanhecer. É natural, um pouco eu respiro desse jeito. E depois, já adulta, já cantora, conheci o candomblé, a religião africana, através de Mãe Menininha do Axé do Gantois. E o modo como ela me trouxe essa religião, essa adoração à natureza e aos seus encantados, os seus orixás, isso foi uma novidade muito bonita, muito comovente pra mim. Nós respiramos: é um orixá. Nos molhamos: é outro. Pegamos numa folha: é outro. O céu: é outro... isso é muito bonito. E é feliz!

Falamos sobre ela voltar a cantar a famosa música de Dorival Caymmi em homenagem a Mãe Menininha, depois de tantos anos.

– É uma presença tão importante na minha história, na minha vida, tem antes e depois dela. E comemorar 50 anos de vitórias numa carreira é muito grande. Pra mim é muito grande, e inesperado, vamos dizer assim. Não pensei que eu fosse andar tanto. E essa canção de Caymmi é um marco na música brasileira, na minha vida, na vida de Gal. E eu não podia comemorar sem cantar exatamente essa canção.

Era dezembro, ela comentou sobre as férias de fim de ano, mas falou que já estava recolhendo material para um trabalho novo:

– Não sei de que tamanho, de que cor, mas já tô animada!

Mariana encerrou a entrevista, e a Bethânia, já se levantando:

– Um beijo pro Jardim, que eu mando.

Oi??? Tá lá gravado. "Um beijo pro Jardim".

Fiquei ainda mais abalado quando a Mariana me deu um envelope: "O pessoal da Bethânia pediu pra te entregar".

Era o DVD ao vivo do show "Abraçar e agradecer". Estava escrito:

– Carlos Jardim, querido, ainda esperando pela cerveja e agradecendo sempre. Maria Bethânia 2016.

41

Tentei muito marcar a cerveja pra falar pessoalmente sobre a ideia do documentário – e formular oficialmente o convite. Mas nada. Aí saiu a notícia, em 2017, de que ela faria um novo show, batizado de "Show de rua – Grandes sucessos". E se apresentaria no Recife em março, exatamente no dia do meu aniversário. Acabei assistindo como convidado, olha que presentão! O espetáculo foi num lugar imenso, acho que cabem umas sete mil pessoas ali. Fiquei numa mesa muito boa. Quando terminou, fui ao camarim, claro. Aquela fila compriiiida de sempre, mas ninguém pode ir ao camarim dela com pressa, porque ela dá atenção às pessoas, olha nos olhos, conversa. Quando eu cheguei mais perto e ela me viu, abriu os braços e um sorrisão:

– Ele veio!!! E de tão longe! Quase cantei "Parabéns pra você" em sua homenagem!

Quer presente melhor? Conversamos e tiramos foto, eu como sempre agarrando e sufocando a coitadinha! Saí de lá flutuando...

Pouco depois, ela fez o mesmo show no Rio, na Barra da Tijuca. Fui de novo, claro. Fiquei numa mesa colada ao palco, que delícia. Tirei fotos incríveis, fiz vídeo de várias músicas, uma beleza. E fui ao camarim de novo. Mais uma foto com ela, porque mais é menos! Pois em março de 2018 ela fez o show de novo, agora na Zona Sul. Lá fui eu outra vez, mais uma mesa colada ao palco e muitas, muitas fotos feitas de pertinho. O mundo é bão, Sebastião!

42

Falei da cerveja nessa ida ao camarim no Recife e em muitas outras ocasiões. Com ela diretamente e com assessores. Nada. Veio o anúncio de que Bethânia e Zeca fariam uma turnê juntos. Se reuniram, falaram sobre repertório, Caetano fez a música-título e nasceu "De Santo Amaro a Xerém". Tive a felicidade de assistir numa mesa colada ao palco (Bethânia é pra ser vista de perto, lembra?). Levei comigo a minha amiga Lili, que ama Zeca Pagodinho. Que maravilha ver Bethânia solta, e que surpresa ver o Zeca um pouco (só um pouco) mais disciplinado em cena – e ousando no repertório quando os dois cantavam juntos. Ele nitidamente feliz por estar ao lado dela. No momento em que fica sozinho, Zeca capricha nos clássicos e faz todo mundo cantar junto.

Vale muito reparar na parte solo de Bethânia (vai lá conferir no DVD da Biscoito Fino ou no streaming). Ela abre com a assinatura da baianidade: "Baiana é aquela que entra no samba de qualquer maneira..." ("Falsa baiana"). Está fazendo um show com o Zeca, né? "Seja lá quem te mandou, meu amor te recebeu, e hoje o céu de sua estrela menino sou eu" ("Iluminada").

Show com o Zeca é diferente de tudo o que já fez, não é verdade? "Certo dia fui levada a um samba diferente", diz a música seguinte, "Pano legal". E segue assim, costurando um repertório cheio de significados. É uma aula de roteiro, que diferença faz uma artista que sabe o que quer cantar e dizer.

Bethânia canta o samba em que diz "Não mexe comigo, eu sou a menina de Oyá", o Zeca, sempre genial, fala: "E quem vai mexer contigo? Pra gente não dá pé!". Tem toda razão, Zeca. Me lembrei de um material de divulgação de um disco de Bethânia pra imprensa, não me pergunte qual, faz muitos anos, recebemos o material ainda em fita VHS!!! Tinha o Caetano falando assim: "Nós estamos **aquém** do conflito. Bethânia está **além** do conflito". Ou seja, paira soberana sobre todas as coisas. Como é que vai dar pé pra gente, né Zeca? Fomos ao camarim, e Lili louca pra falar com o Zeca.

– Ah, não, Bethânia primeiro! – e a Lili viu que não tinha negociação.

Estava lá aquela fila imensa pra falar com a Bethânia e de repente eu escuto alguém falando alto, de longe:

– Eu sabia que eu ia te encontrar aqui!

Era a Fátima Bernardes, mais linda do que nunca.

— Me encontrar no camarim da Bethânia não é notícia. Notícia é você aqui! — brinquei com ela.

Beijos, risos, chega o Leandro Vieira, carnavalesco da Mangueira, ao lado da porta-bandeira da escola, Squel Jorgea. Bethânia, simpática com todo mundo, foi muito carinhosa comigo, como sempre. E mais uma foto em que estou espremendo a coitadinha. Mas olha aí abaixo, ela parece feliz ao meu lado, né? Amo essa foto!

Quando finalmente fomos tentar falar com Zeca no camarim dele, já era, ele tinha ido embora. E a fila pra falar com Bethânia ainda seguia imensa. Desculpe, Lili, fica pra uma próxima vez.

Espremendo Bethânia no camarim após o show dela com Zeca Pagodinho. Amo essa foto!

43

Como eu não achava uma brecha pra falar pessoalmente sobre o documentário, resolvi formular o convite por escrito, e mandei um e-mail pra ela. Reproduzo um pequeno trecho:

"Oi Bethânia, tudo bem?

Tive uma ideia que venho acalentando desde que fiz aquele programa para a GloboNews nos seus 70 anos, quando falei um pouco de sua trajetória com a generosa narração da Fernanda Montenegro.

Pensei em fazer um documentário – "Maria – Ninguém sabe quem sou eu" (da linda letra do Batatinha).

Ao acabar de assistir ao documentário, o espectador vai entender como se atravessam mais de 50 anos de carreira com coerência e princípios sólidos.

Espero ter a oportunidade de falarmos sobre ele pessoalmente.

Obrigado pela atenção – sempre.

Beijos,

Jardim"

A resposta veio já no dia seguinte. Um trechinho:

"Jardim, muito bonita sua ideia e sua atenção ao que verdadeiramente me importa. Estou na Bahia fingindo férias, estudando meus próximos trabalhos em disco, revendo autores etc. Se você vier à Bahia, podemos conversar aqui. E afinal tomamos a cerveja tão prometida. Um abraço".

44

Respondi bem depressa: vou pra Bahia, claro. A conversa com Bethânia seria no sábado, mas viajei pra Salvador na sexta-feira de manhã. Eu ia ser maluco de correr o risco de alguma coisa dar errado? Nem pensar! Imaginei que eu ficaria nervoso antes, durante e depois da conversa, por isso convidei minha grande amiga Dani pra ir pra Salvador comigo. Ela não iria na tão esperada cerveja, mas estaria a postos pra festejar ou me consolar (se ela não topasse!) depois do meu papo com Bethânia.

Fiquei num hotel relativamente perto da casa dela. Uma hora antes do horário marcado eu já estava pronto e com a ansiedade nas alturas. Será que ela vai gostar da ideia? Será que vai me crivar de perguntas sobre o projeto? E o mais importante: vai topar? Botei uma apresentação caprichada do projeto na mochila, peguei um táxi e fui. O motorista se perdeu, não tinha GPS no carro, a hora passando e eu não chegava. Sério isso? A Ana Basbaum me recebeu no portão. Comecei a andar no quintal, passando pelas muitas imagens de sereias que estão em várias partes do jardim e sobre as mesas. Quando cheguei na varanda da casa, ela apareceu – sorridente e irradiando simpatia:

– Finalmente nossa cerveja saiu!

Beijinhos, elogiei a vista linda: a casa é debruçada sobre a Baía de Todos os Santos – aquele mar baiano de tirar o fôlego! Bethânia estava de camiseta branca, uma calça colorida, sem maquiagem. A gente sempre vê Bethânia imensa no palco, depois ainda um pouco maquiada no camarim pós-show... engraçado você, um fã, estar assim na casa do seu ídolo, que está à vontade. Pra você, um dia inesquecível, pra ela, uma visita que chegou.

Ela me conduziu para um espaço incrível, apartado da casa – um salão todo envidraçado onde trabalha. E se sentou numa espaçosa cadeira com braços, colocando os pés sobre uma onça (de madeira, claro!), lindamente pintada e muito charmosa. Ela gosta de onças, sabemos todos. Eu e Ana também nos sentamos e logo chegaram as tão prometidas cervejas, geladíssimas. Falamos algumas amenidades e então comecei a discorrer sobre o documentário. Expliquei minha intenção, como eu pretendia falar sobre a trajetória dela, o formato, fui falando. E ela em silêncio, me olhando com atenção.

Falei sobre as matérias especiais que fiz com ela, o programa na GloboNews narrado pela Fernanda. E ali com o envelope em cima da mesa, pronto pra puxar o projeto e mostrar. Então, de repente:

– Olha, gosto muito de tudo o que você faz, acho de muito bom gosto. Tenho certeza de que o documentário ficará muito bom. Tô dentro.

Sim, falou assim. Mais cerveja, por favor. Nem precisei mostrar o projeto, voltou pra mochila dentro do envelope. A Mary Debs tinha me falado que ela me receberia por meia hora. Tempo mais que suficiente, pensei. Mas a conversa foi rendendo. Já tinha se juntado a nós a Kati de Almeida Braga, dona da gravadora Biscoito Fino, que chegou de uma caminhada. Bethânia é geminiana – e você sabe como são os geminianos,

dão aquelas viajadas, estão ali do seu lado, mas a cabeça tá lá longe, em outro universo. Pois é. Já meio sem graça, duas horas depois de chegar, comentei:
    – Bem, então acho que já vou indo...
    – Vai não, fica aí, vamos beber mais uma cerveja.
    Vamos, claro, sou maluco de ter pressa de ir embora estando ali, pertinho dela? Falamos muito, sobre vários assuntos. Fui até meio indiscreto. Sabe aquele show que ela fez com o Zeca Pagodinho? Depois daquela apresentação maravilhosa que eu descrevi e que ficou registrada em DVD, os dois saíram em excursão por algumas cidades e fui ver de novo quando voltou pro Rio. O repertório de Bethânia tinha mudado, estava mais curto, achei que ela não estava mais tão feliz em cena. Não sei se só fã que é muito fã repara essas coisas. Aproveitei a cerveja e o clima descontraído pra tocar no assunto. Estávamos às vésperas de eles encerrarem a turnê, com apresentação na Concha Acústica de Salvador. Tentei pescar alguma informação, mas nada. E ela riu de uma situação que se repetia toda noite:
    – Acaba o show e o Zeca vai embora com a roupa de cena mesmo, rapidinho. E eu fico lá, recebendo todo mundo...
    Era assim mesmo, pude comprovar quando fui ver na primeira vez, a Lili louca pra falar com o Zeca, mas ele já tinha ido embora. Bem, acabei ficando quatro horas bebendo cerveja com ela, a sorte é que sou resistente e não fico alegrinho facilmente. Ela falou sobre a vontade de fazer um show intimista, cantar pra uma plateia pequena, ficar bem pertinho do público. Falou também sobre não se dobrar ao mercado, que só vai cantar enquanto for prazeroso, que não precisa de muito

dinheiro pra viver, sempre vai ter o quarto dela em Santo Amaro. Comentou que chegou a ter casa num bairro considerado nobre em Salvador, mas já há alguns anos optou por morar na região central, num bairro histórico. E mostrou, mais uma vez, porque traduz tão bem a alma de seu povo:

— Os baianos mais humildes são educadíssimos, de uma nobreza incrível.

Lá pelas tantas, a cozinheira chegou com uns petiscos caseiros deliciosos. E tome cerveja. Falamos sobre as mazelas políticas do país, a desolação com o estado das coisas, isso em janeiro de 2019, nem sonhávamos com os pesadelos – políticos e da pandemia de Covid – que viriam mais adiante. Ela mostrou alguns livros que estava lendo, pesquisas para o novo trabalho. Falamos sobre Pessoa, obviamente, e sobre Mia Couto.

— Não deixe de ler "A confissão da leoa", é uma beleza.

E me indicou outro livro, mostrando a capa, que fotografei e comprei, obediente que sou: "[poemas]", da polonesa Wislawa Szymborska. Nos levantamos e, antes de sair daquele espaço incrível onde ela trabalha, Bethânia parou em frente a um cavalete onde estavam dois quadros de Nossa Senhora e começou a cantar pra ela. Isso mesmo, ali na minha frente, à capela, cantou pra Nossa Senhora, emocionante e inesquecível. Fomos andando em direção à casa principal e falando sobre a bela vista, entre outras amenidades. O motorista dela me levaria para o hotel. Um abraço carinhoso, um beijo cheio de afeto e ela:

— A próxima cerveja vai ser lá no Rio!

Fui batendo papo com o motorista, Seu Salvador, uma simpatia.

– Trabalho há mais de 30 anos com a dona Bethânia.
– Então ela deve ser uma boa patroa, né?
– Se é! Minha mulher também está com ela há uns 30 anos. A cozinheira, que ela traz do Rio, também tem mais de 20 anos de casa.

Fiquei feliz de saber que ela está cercada de pessoas tão carinhosas.

Parênteses: não toquei no celular enquanto conversávamos. Não pedi pra tirar fotos, por isso infelizmente não tenho registro desse encontro que me marcou tanto. Não quis parecer fã nessa hora (tomara que eu tenha conseguido!), estava ali pra fazer um convite profissional.

Quando cheguei ao hotel, quatro horas depois, a minha amiga Dani já estava achando que eu tinha sido sequestrado no caminho! Fomos pra um bar perto do hotel e eu bebi mais cerveja, ainda chacoalhado pela emoção que tinha acabado de experimentar. Não é que um fã pode mesmo sonhar que um dia vai conseguir tomar umas cervejas com seu ídolo? Tim-tim!

45

Já cheguei ao Rio acertando tudo, depois de receber o "sim" de Bethânia. Fizemos reuniões com a Globo Filmes e com o Canal Brasil, que seriam parceiros da GloboNews na empreitada. O projeto só foi possível por causa do apoio e do entusiasmo de tanta gente legal que me ajudou nesse processo. Processo, aliás, muito novo pra mim. Nunca tinha me envolvido na produção de um documentário – e todos foram muito pacientes e atenciosos. Procuramos também um distribuidor para o filme – os projetos da Globo Filmes sempre estreiam no cinema. Fizemos algumas reuniões e fechamos com a Arteplex, outra parceria que nos encheu de alegria pela acolhida carinhosa.

A ideia era recolher imagens marcantes de Bethânia no Acervo da Globo, riquíssimo. Muita pesquisa pra achar pérolas capazes de fazer os fãs – os antigos e os mais recentes – suspirarem no cinema. Que delícia rever tantas cenas marcantes. Sempre dando prioridade para as de ensaios dos shows. Músicas registradas na íntegra (mas às vezes apenas pequenos trechos), e que não chegaram ao público. Infelizmente muitas vezes os cinegrafistas cortam as músicas pela metade, viram a câmera para os músicos na hora errada, interrompem uma música – nossa, sofri muito vendo o material. "Beijo partido", por exemplo, música que ela nunca gravou em disco. Registro do show "A hora da estrela". Toda mutilada, gravada com vários cortes. Mas eu me recusei a deixar fora uma música tão linda, em que ela dá um show, então saí costurando como deu. Ficou meio frankenstein, mas acho que valeu a pena. Em outros momentos, eles perdiam o foco, faziam uns efeitos cafonas com a lente da câmera... Assumi tudo isso. Estamos usando material de arquivo, vamos valorizar o que temos de raro.

Também pude usar o espetacular acervo da TV Bahia, afiliada da Globo. Muito material bom, que eles pesquisaram com cuidado e generosamente nos cederam. Tivemos a ajuda da TVE da Bahia, que cedeu a música "Oração de Mãe Menininha", que ela cantou naquele maravilhoso show na reinauguração da Concha Acústica. E uma grata surpresa: a PUC do Rio Grande do Sul me procurou e ofereceu fotos e imagens incríveis da apresentação que Bethânia fez lá quando ganhou a honraria Mérito Cultural PUCRS, em 2019.

46

Chega a notícia que fez valer aquele ano de 2019: Bethânia vai estrear uma nova turnê, com um show chamado "Claros breus", com banda pequena e pra uma plateia minúscula, como falou lá na nossa cerveja que queria fazer. Ela é danada. Escolheu o Clube Manouche, uma casa de apenas cem lugares no Jardim Botânico. Só quatro apresentações, uma por semana. Ou seja, somente 400 afortunados. Foi anunciado que as vendas seriam pela internet. Cinco minutos depois de abertas, tudo esgotado. Um desespero, todo mundo queria estar naquele show, que prometia ser uma coisa incrível. Comecei a receber mensagens dos amigos, perguntando se consegui comprar. Como não ser nojento numa hora dessas?

– Eu vou na estreia como convidado...

47

4 de julho de 2019. Eu não conhecia o Manouche, uma casa charmosa, mas realmente muito pequena. Não eram lugares marcados. Tentei ser discreto quando as portas abriram, evitei correr, mas apertei o passo e me desesperei pra tentar me sentar o mais perto possível do palco.

Consegui ficar na segunda fila, bem no meio, muito bem localizado, ninguém na minha frente, pertinho demais do palco, que era da altura de um degrau. Poucos instrumentos e um pedestal vermelho no centro.

Ela entra com um vestido vermelho todo brilhoso, um charme. E que coisa difícil é descrever a sensação de ver Bethânia assim tão de pertinho. Tão perto da gente que chegou a pedir água pra uma pessoa que estava na mesa colada ao palco. Tão perto que eu fiquei morrendo de medo de levar uma bronca quando estava filmando algumas músicas – ela conseguia ver tudo. Os vídeos ficaram incríveis.

E escuta essa: ela volta, faz o bis e aperta a mão das pessoas que estavam nas mesas coladas ao palco – pouca gente, o espaço é mesmo pequeno. Então de repente ela para e estica o braço pra mim, pra me cumprimentar. Dei um passo à frente, peguei a mão dela e beijei. Ela abriu um sorriso estupendo e falou "obrigada".

Desculpe, não me lembro de mais nada depois disso.

48

Mandei e-mail pra ela falando do show – e aproveitei, claro, pra falar do documentário:

"As redes sociais estão tomadas por vídeos e fotos do seu inesquecível show no Manouche. Revivi os momentos que presenciei, e pensei: nunca vou parar de me surpreender com a capacidade de renovação dessa artista inquieta. E tive ainda mais certeza de que é a hora perfeita para fazer o documentário sobre o qual conversamos naquela nossa cerveja em Salvador".

Expliquei que precisava da assinatura dela num termo de cessão de imagem para poder seguir em frente:

"Você acha que em algum momento conseguiremos levar o projeto adiante? Muito obrigado e parabéns pelo belíssimo show, que merece todos os aplausos que tem recebido. Beijos, Jardim".

A resposta veio no dia seguinte, aqui um pedacinho:

"Jardim, fiquei feliz de te ver lá no Manouche.

Quero fazer sim o documentário. Faço SP e converso contigo. Obrigada mais uma vez, um beijo, até já".

49

Janeiro de 2020 e estava em Salvador. Fui à TV Bahia acertar uma parceria maior para a transmissão do carnaval de rua da GloboNews. Recebi mensagem da Ana Basbaum dizendo que o documento estava assinado e que poderia mandar buscar. Tínhamos o sinal verde definitivo pra seguir em frente.

Fevereiro de 2020 e entra em cena a nossa grande cobertura de carnaval de rua na GloboNews. Blocos em todo o país, uma festa que vai tomando cada vez mais fôlego em lugares onde não havia essa tradição, como Belo Horizonte, por exemplo. E ganhando corpo cada vez maior em São Paulo, onde um dos destaques, pelo menos pra mim, é um bloco chamado Explode Coração. Fácil entender quem é a grande homenageada, né? Minha alegria – e terror dos repórteres fora de São Paulo. Isso porque quando o Explode começa a desfilar em SP e a tocar os sucessos de Bethânia em ritmo de samba, ninguém mais entra na transmissão – só dá Bethânia! A gente cria grupos de WhatsApp pra ir falando em tempo real durante as transmissões: os repórteres, a produção, quem está colocando o jornal no ar. Pois quando esse bloco entra, começa a chuva de comentários. Produção de SP avisa como está ingestando (que é, a grosso modo, a gravação no nosso sistema do que está indo ao ar) o material do bloco. O pessoal começa a mandar figurinhas de Bethânia! Eu recomendo pra repórter: pouca fala e muita música:

– Muito sobe som do MELHOR BLOCO do carnaval!!!
No que a chefe da GloboNews em SP brinca:
– Agora SP vai dominar! Começou aqui.
Mais reações, mais figurinhas.

Nessas coberturas, nossos repórteres sempre dão o microfone para os cantores dos blocos. É uma maneira de estarmos mais integrados, de trazer o bloco pra dentro da casa das pessoas, funciona muito. Tá lá a nossa repórter tentando dar o microfone pros cantores do Explode e nada. Algumas tentativas e eles não pegam o microfone. Ela reclama no grupo de WhatsApp. E em seguida avisa que daqui a pouco eles vão encerrar o desfile. No que eu, bem-humorado, explico pra ela:

– Não é por antipatia que eles não pegam o microfone! É que não dá pra cantar Bethânia sem gesticular. Eles precisam da outra mão livre!

Conversa em tempo real com produtores enquanto Explode Coração desfilava em São Paulo

E não é? Quem bota o disco em casa e começa a cantar junto, quando se dá conta, já está abrindo os braços, levantando o dedinho e dando umas corridinhas! Imagina no alto de um trio elétrico? Muitos agradecimentos a quem teve a iniciativa de criar esse bloco maravilhoso. Outros foram surgindo, como o Filhas de Betha, no Recife. Rainha da MPB – e do carnaval!

Um parêntese: tive a ideia de chamar o bloco Explode Coração pra participar do lançamento do filme em São Paulo. Fiquei muito feliz por eles terem topado na hora, cheios de alegria de se juntar à nossa homenagem a Bethânia. Me reuni com eles, trocamos histórias de tietagem explícita, e aí descobri uma coisa incrível: Bethânia viu o lançamento do bloco, a primeira apresentação deles, pela GloboNews! E sabe o que ela fez? Mandou uma mensagem de áudio pra eles no dia seguinte. Olha que coisa mais fofa:

– Salve, salve o bloco Explode Coração! Aqui sou eu, Bethânia, adorei ver na televisão agora um ensaio, muito divertido, (*cantarola*) "Quem me chamou, quem vai querer voltar pro ninho...". Parabéns! Adorei, muito obrigada, sucesso, bom carnaval!

50

Documento assinado, mãos à obra. Pesquisa em andamento, roteiro adiantado, equipe sendo montada. E sai a primeira nota sobre o filme, na coluna do Ancelmo Gois, no jornal "O Globo", no dia 1º de novembro de 2020, com o título "Bethânia por ela mesma":

"Nossa grande cantora Maria Bethânia ganhará um novo documentário no próximo ano. "Maria – Ninguém sabe quem sou eu" é um projeto do jornalista Carlos Jardim. O documentário terá unicamente depoimentos de Bethânia, inéditos e feitos para o filme".

Que emoção, que orgulho poder contar para o mundo que minha paixão estava virando um projeto profissional. Sim, um fã pode chegar tão longe. Sim, sonho pode virar realidade, lute por ele!

Mais uns dias e sai outra nota, agora na coluna da Sonia Racy, no "Estadão". Depois uma outra, na Mônica Bergamo, na "Folha". Meus amigos, que ao longo dos anos acompanharam minha paixão, agora viam a coisa ficar profissional.

Agitação no fã-clube: no fim de 2020, Bethânia é anunciada como uma das grandes atrações do Festival Coala em 2021. Estávamos em plena epidemia da Covid, mas todos com esperanças de que em 2021 as coisas ficariam melhores (não ficaram, e o festival foi adiado). No dia 15 de dezembro, eu estava calmamente tomando café da manhã e em seguida ia me arrumar pra mais um dia de trabalho na TV. Chega um WhatsApp do meu amigo Zé Carlos com um link de uma entrevista de Bethânia no "Estadão". E ele falava:

— Macaaaaaaa! Estado de choque" (lembra da Macabéa, da Clarice? Desde "A hora da estrela", Maca virou codinome pra nós quando o assunto é Bethânia). Era matéria de capa do caderno de cultura. Achei que o Zé estava em êxtase porque finalmente havia perspectiva de termos um show de Bethânia. Comecei a ler, até que vejo a seguinte pergunta do repórter: "O que se pode contar sobre o documentário que Carlos Jardim prepara sobre sua trajetória?".

Como é que é??? Nosso documentário já sendo falado em entrevista com a cantora? Fiquei com taquicardia só com a pergunta. O quase infarto veio quando li a resposta: "Aí só o Carlos Jardim pode comentar. Ele só me disse que quer fazer. Ele é um querido amigo e grande jornalista. Fico muito honrada, fico muito feliz, mas eu não sei quais são as ideias, ele que está trabalhando. Quando ele me disser, eu conto pra vocês".

Preciso recuperar o fôlego toda vez que leio isso. Eu, que fiz dessa voz a trilha sonora da minha vida, estava sendo citado por ela numa entrevista, com esses elogios e todo esse carinho. Postei, claro!

"'Querido amigo e grande jornalista'. Bem, depois de ler essas palavras de Bethânia no 'Estadão' de hoje, só tenho a declarar que a partir de agora só atendo com hora marcada!"

Chuva de comentários. "Chique". "Insuportável". "Na boa, eu morria". "Socorro, estou passando mal". "Zerou a vida". E um que eu achei maravilhoso: "Eu estou muito curiosa, mas a Bethânia está mais!". Hahaha!

51

Chega 2021 e seguimos trabalhando, reunindo material, correndo atrás de aprovação do projeto na Ancine. E a pandemia de Covid atrasando tudo, deixando um rastro de mortes e tristezas, muita polêmica sobre o comportamento do governo no combate ao vírus, o Brasil atrasado na vacinação, e fugindo de remédios sem comprovação científica, enfim, um caos.

Carnaval cancelado, silêncio no Sambódromo, blocos não tomam as ruas. Com teatros e casas de show fechados, surgem as lives, e dezenas de artistas cantam no novo formato. Muitos se perguntavam: e Bethânia, será que vai aderir? Os fãs que a conhecem bem não tinham esperanças, Bethânia nunca vai fazer um show sem plateia, ela se alimenta daquela energia, daquele ritual. Erramos todos, graças a Deus. Àquela altura, a maior parte das lives era na casa do próprio artista, um formato mais artesanal mesmo. Mas Bethânia é Bethânia, e a live dela seria num teatro. Sem plateia, mas num palco.

Bethânia escolheu o dia 13 de fevereiro de 2021 para fazer sua estreia nos shows virtuais. Foram várias entrevistas por telefone para jornais e sites. Pra televisão é complicado entrevista por telefone. Mas, conversando com a produção da cantora, combinamos que ela mandaria um áudio para a GloboNews. Falei:

– Vou usar no "Estúdio i", já que a Bethânia gosta tanto da Maria Beltrão, e a Maria é louca por ela. E vou pedir pro Arthur

Dapieve comentar. Pede, por favor, pra ela começar o áudio dando um alô pra Maria Beltrão...

Chega o áudio pelo meu WhatsApp. Sabe lá o que é você dar o play e ouvir aquela voz?

– Boa tarde, licença, Maria. Sou eu, Bethânia. Tô aqui no meio dos ensaios para a live do Globoplay, no dia 13 de fevereiro, dia de grande significado pra mim, e quando terei a oportunidade de chegar um pouquinho perto do público, que me conduz até aqui com seu aplauso e carinho. Ah, Maria, tomara a gente possa logo voltar a alguma normalidade, não é? Ter nosso ofício vivido de forma plena. Maria, pra lembrar como esse dia é importante pra mim e como ele se revela cadenciado: além da minha estreia profissional no show "Opinião", foi num 13 de fevereiro que desfilei campeã com a Mangueira em 2016. Não é lindo? É um dia forte – e que gosto de festejar. Espero que nosso encontro virtual consagre esse meu desejo. Muito, muito, muito obrigada, Maria! Força pra nós!

Um minuto. O áudio tem apenas um minuto e veja quanta coisa ela falou. Sincera, inteira, consistente. Ilustramos com imagens lindas de Bethânia em cena e no carnaval da Mangueira. Ficou lindo no ar.

52

De minha parte, eu atuava fortemente nos bastidores para estar na plateia da live. Sim, eu sabia que não ia ter público na plateia. Mas os lugares estariam lá, vazios. Um deles poderia ser meu. Só no mágico 13 de fevereiro, comecinho da tarde, saiu a fumaça branca: eu estaria lá! A produtora do evento avisou:

– Você vai precisar vestir uma roupa especial pra poder entrar no teatro.

– Pra ver Bethânia eu visto até uniforme da Nasa – retruquei sem pestanejar.

– Lá a gente te apresenta ao Boninho.

Boninho é diretor de eventos como esses na Globo. O responsável pelo "Big Brother" e pelo "The voice", entre outros programas de sucesso na emissora. Nos conhecemos quando eu trabalhei no programa da Fátima Bernardes e lá pelas tantas ele assumiu o comando da atração. Já faz uns oito anos isso, será que ele ainda lembra de mim? Decidi então recorrer a uma técnica que o Bonner aprendeu com a Fátima na época em que eram casados. Um dia ele me contou:

– Conheço muita gente o tempo todo, acabo me confundindo. E, quando eu já conheço e falo "muito prazer", fica um clima horrível. Até que a Fátima me ensinou: nunca diga "muito prazer", diga sempre "oi, como vai?".

Um gênio, a Fátima. Se você já conhece a pessoa, ela se sente acolhida. Se não conhece, ela já se sente mais próxima.

Pensei: vou nessa. Mas acho que a Fátima ensinou isso pro Boninho também, porque ele já chegou me cumprimentando, "oi, como vai?". Conversamos amenidades até que a assistente dele avisou que em breve a Bethânia estaria no palco "para a reza". Sim, ela sempre reza com os músicos antes de entrar em cena. Não seria diferente agora, mesmo numa live.

Vesti a tal roupa especial e entrei no teatro. Plateia vazia, só umas poucas pessoas da equipe do evento e os câmeras. A live estava marcada para as 22h. Os músicos já estavam no palco; 21h40 mais ou menos e ela entrou caminhando calmamente. Foi até o microfone no mesmo pedestal vermelho que usou em "Claros breus". Conversou com os músicos e com o diretor da transmissão, que falou no ponto eletrônico no ouvido dela. E eu ali, praticamente sozinho na plateia, vendo tudo isso de perto, que loucura!

— Quinze minutos ainda?! Achei que já ia começar — ela se surpreende. — Vou passear então aqui pelo palco pra me distrair.

E assim foi. Conversou com os músicos, andou um pouquinho. Fez exercícios de aquecimento pra voz. Pediu pra passar com os músicos um trecho de "Doce mistério da vida" ("minha vida que parece muito calma, tem segredos que eu não posso revelar..."). Estranhou a luz estar acesa na plateia:

— A plateia vai ficar iluminada?

Não, a luz foi apagada quando a live começou, mas deve ter sido estranho ficar ali no palco olhando tantos lugares vazios. Se estava nervosa por fazer algo tão diferente, não deixou transparecer. Parecia calmíssima. "Plenitude sem fulminação", diria Clarice.

— Que coisa mais diferente isso... No teatro, quando eu acabo de rezar, eu já entro em cena...

Fora a espera com ela em cena, tudo ali parecia um show de Bethânia. Músicos já no palco, clima de respeito total, organização impecável.

E eu doido pra tirar fotos. Mas como? Plateia vazia, a luz acesa, os produtores vendo se tudo estava nos conformes...

— Dez minutos? Ainda? Nossa, aqui em Itaipu demora a passar o tempo!

Risos gerais. Pelo jeito, a Cidade das Artes, onde fica o teatro escolhido para o evento, é um lugar estranho até pra quem mora nas redondezas (Bethânia mora em São Conrado, bairro vizinho). Alguém comenta algo que não consigo ouvir.

— É, é o fuso horário — ela responde rindo.

Tanta serenidade e tanta delicadeza que ninguém diria que ali estava uma grande estrela. Mais que isso, uma cantora que não gosta de fazer televisão, que sempre foi dos palcos e das plateias. Mas o chamamento foi feito e lá estava ela. Sem alardes, sem grandes anúncios, o espetáculo começou. "Explode coração" à capela. E um desfile de músicas incríveis, ela dando um show.

Tem um intervalo. Produção entra pra dar água a Bethânia.

— Tá ficando bom? — ela pergunta. Sério? Àquela altura o Brasil já estava aos pés dela.

Com a luz da plateia apagada, tomei coragem e tirei umas pouquíssimas fotos. Não ficaram lá essas coisas, mas eu não podia deixar de fazer esse registro!

A live mostrou também que Bethânia está superantenada aos novos tempos. Ela "reciclou" a letra de uma música

Aproveitei a luz apagada na plateia para fazer essa foto durante a live na Cidade das Artes

muito presente em seu repertório, "Volta por cima". No lugar de "Um homem de moral, não fica no chão, nem quer que mulher venha lhe dar a mão", ela agora canta: "Mulher de moral, não fica no chão, nem quer que ninguém venha lhe dar a mão".

Terminou a transmissão e ela estranhou muito o silêncio. Foi então que todas as pessoas presentes começaram a aplaudir. Não era muita gente, mas os aplausos eram sinceros e calorosos. Produtores, diretores, câmeras, músicos... Havia uma espécie de êxtase no ar, todos com a certeza de ter presenciado um momento histórico. Posso estar errado, mas acho que eu era o único ali que não fazia parte da equipe do evento. Eu acho que todo fã que é muito fã de alguém sempre sonha em ter seu ídolo cantando só pra ele. Cheguei bem perto disso essa noite. Ok, tenha inveja, mas, por favor, não me deseje mal!

Boninho foi conversar com ela no palco.

– Ficou bom? Desculpe, Boninho, eu não tenho nenhuma intimidade com esse negócio de televisão.

Ela comentou que a Globo ia transmitir naquela noite o desfile da Mangueira. Na falta dos desfiles por conta da pandemia, a Globo preparou compactos de desfiles históricos.

– O desfile da Mangueira vai ser o meu!

– Mas são apenas sete minutos de cada escola – explicou Boninho.

– Já é alguma coisa, eu não vi o desfile.

– Você não viu? Posso mandar gravar o desfile todo e te mandar.

Finíssimo, o Boninho. Bethânia adorou a ideia. Como eu ouvi tudo isso? Porque sou enxerido e fui chegando devagari-

nho perto dela. Perto em termos. Todos mantiveram distância, porque ela ainda estava sem máscara (os músicos tocaram com máscaras o show inteiro). Tomei coragem e falei com ela:
— Oi, você sabe que eu jamais perderia essa sua apresentação, né?

Ela olhou e estranhou, claro, eu estava com roupa de astronauta e de máscara. A Ana Basbaum soprou meu nome no ouvido dela.
— Você veio!
— Movi mundos e fundos pra estar aqui!
— Você é danado! Gostou?
— Que show! Que repertório! Amei a parte política, que força!
— O começo, né?
— Sim, mas também o bloco com a homenagem ao menino Miguel ("2 de junho") e "Cálice", e ainda teve "Sonho impossível", nossa!

Ela sorriu. Alguém comentou sobre a beleza que ficou a versão para "Evidências".
— Eu falei que eu gosto de cantar músicas que mexem com o coração. As pessoas cantam mesmo.

Na live, antes de apresentar "Evidências" numa incrível versão voz e violão, ela fala: "Eu adoro cantar músicas que provocam o coração da gente. E que fazem a plateia cantar sem medo de errar".

No que falei:
— Sim, e numa casa grande como aquele lugar aqui na Barra... esqueci o nome, já mudou de nome tantas vezes!
— Metropolitan, para sempre será Metropolitan – ela disse.

– Isso! Vi você cantando ali e a plateia, lotada, cantando junto, emocionante.

Ela deu aquele sorriso que derrete a gente e mandou:

– Vamos nos falar, temos um trabalho a fazer pela frente, não é?

Ela se referia ao documentário. A mulher acabou de fazer a primeira live da carreira, viveu algo totalmente novo mesmo pra quem tem tantos anos de estrada, e teve a delicadeza de se lembrar do documentário. A gente ainda tinha o depoimento dela pra gravar, porque adiamos tudo por conta da pandemia.

– Você já pode assistir ao show no Globoplay, já está lá – disse Boninho (a live, claro, foi ao vivo, mas o Globoplay disponibilizou o programa gravado pouco depois).

– É muito ruim de eu ver! (*risos*) Vou ouvir Strauss e tomar um vinho – ela sorriu, marota, e foi se retirando.

Cumprimentando e agradecendo a todos, era uma rainha de verdade deixando aquele teatro. E nós ali, e tantos milhões em casa, absolutamente em transe com aquela apresentação.

53

O começo de 2021 foi com vacinação a ritmo lento no país. O Rio anunciou seu calendário, com prioridades e fila por idade. Vamos nos emocionando vendo os primeiros vacinados, entre eles nossos artistas queridos. Roberto Carlos foi dirigindo o próprio carro. Caetano postou o esperado momento da agulhada, Gil também, assim como Chico. Faço as contas e vejo que Bethânia vai tomar a primeira dose em março. Entro em contato com a equipe dela e eles avisam que não vão divulgar nem local nem horário. Bethânia sendo Bethânia, sempre discreta. Peço pra receber um vídeo do momento da vacinação, o que de fato acontece – e a GloboNews é a primeira a mostrar Bethânia sendo vacinada.

– Vamos lá – diz a moça do SUS.
– Afinal, né? – ela diz sorrindo por trás da máscara.

54

Ritmo intenso no trabalho na TV, noticiário de pandemia se misturando com o mundo político, clima pesado. Dia 10 de março recebo uma mensagem pelo WhatsApp:

– Jardim, sou eu Bethânia. Pode falar um minuto?

Definitivamente, o coração de um fã precisa ser forte.

Ela me ligou querendo falar sobre uma entrevista que exibimos na GloboNews. Não é um luxo? Ter Bethânia como telespectadora?

Poucos dias depois, me dei de presente uma folga no meu aniversário. Era dia de semana, resolvi passar a tarde na praia, me reenergizando no mar e no sol – e bebendo uma saborosa cervejinha, claro que com o devido distanciamento em relação às outras (poucas) pessoas na praia. Quer dia de aniversário melhor durante uma pandemia? Pois não é que melhorou, e muito? Plim, apitou o celular avisando que chegou mensagem no WhatsApp. Eu olhei e estava escrito o nome dela. Pensei: não, não pode ser. Era. Mensagem de voz de Maria Bethânia:

– Jardim, tá fazendo aniversário hoje... Meus parabéns. Sou eu, Bethânia. Sucesso, meu bem. Sucesso, alegria, saúde na sua vida com os seus. Paz, harmonia, sossego. Vitórias! Um grande beijo, comemore bem o seu aniversário. Um beijo.

Coisa de louco isso. Esqueci pandemia, esqueci que era o segundo aniversário sem poder comemorar com os amigos por conta do necessário distanciamento social, esqueci até que estava ficando mais velho!

55

27 de maio de 2021 e temos que dar uma notícia triste: o país perde Nelson Sargento, um dos maiores nomes da música e da Mangueira. Chega um WhatsApp da Ana Basbaum: um áudio de Bethânia falando de seu sentimento diante da perda do grande compositor.

— Recebo a notícia da morte do grande Nelson Sargento com grande tristeza. Morreu aos 96 anos, vida lindamente vivida, um grande e nobre cidadão brasileiro, um artista raro. Esperávamos todos que ele vivesse ainda muitos anos. Mais uma vida interrompida pela Covid, infelizmente. Nelson merecia seguir vivendo, Nelson merecia morrer cantando. Choro junto à minha querida Estação Primeira de Mangueira. Eu sou Maria Bethânia.

Colocamos uma foto de Bethânia e Nelson juntos, mais algumas imagens bonitas do compositor e levamos ao ar no "Edição das 18h". Belíssima e justa homenagem ao homem que profetizou: "Samba agoniza, mas não morre, alguém sempre te socorre antes do suspiro derradeiro".

56

Junho de 2021 e a expectativa pelos 75 anos de Bethânia, no dia 18 de junho. Momento quente no noticiário político, a CPI da Covid pegando fogo, o espaço nos jornais da GloboNews muito tomado com os factuais. Ficamos com medo de não conseguirmos fazer a homenagem devida num dia de semana, e então produzimos uma matéria especial para exibir no domingo anterior à data. Bethânia, sempre discreta em datas comemorativas, não deu entrevista. Então pegamos no nosso arquivo falas antigas dela, com trechos de músicas marcantes da carreira – e somamos depoimentos que amigos da cantora gravaram pra nós. Pequenos trechos do que disseram alguns deles:

Zeca Pagodinho: "Muitas felicidades, pra você continuar fazendo a alegria de todo mundo. Eu fui muito feliz gravando com você o 'De Santo Amaro a Xerém'".

Erasmo Carlos: "Que maravilha falar no dia do seu aniversário, relembrando as coisas lindas que a gente já fez juntos... Eu tenho um orgulho muito grande de ser merecedor da sua confiança e da sua amizade".

Chico César: "Muito obrigado, Bethânia, pela sua presença sempre firme e serena, pelo seu amor pelo Brasil, pelo povo brasileiro... Te amo muito".

E o irmão Caetano: "Eu ainda não tinha feito 4 anos quando ela chegou, e ela se tornou uma das pessoas mais importantes da minha vida. E da vida de tantas pessoas! Parabéns pra nós!".

Na manhã do dia seguinte, mandei um link da matéria pra Ana Basbaum, que encaminhou pra Bethânia. Passou um tempinho e recebi uma mensagem de voz dela. Digo e repito: nunca vou me acostumar a ver o nome dela piscando no meu celular, o coração sempre vai disparar! Um trechinho:

– Bom dia, Jardim. Nossa, menino, que coisa linda... Muito obrigada, vocês me deram um presente muito grande, antecipado, e fico muito feliz. Um beijo.

57

Contra todas as limitações da pandemia, Bethânia lança um trabalho novo no fim de julho de 2021. "Noturno" traz muito do conceito do show "Claros breus", que ela apresentou no Manouche, a luz e o sombrio. Prestando atenção nas músicas, na maneira como elas foram ordenadas, percebe-se mais uma vez um roteiro de teatro. O material para a imprensa trazia um belíssimo texto de Eucanaã Ferraz: "Não seria exagero ver no jogo entre a claridade e a treva uma tensão barroca. Tudo isso, no entanto, é bem mais que projeto intelectual – as sofisticadas criações de Bethânia nascem de sua sensibilidade inteligente, ativa e atenta". Perfeito.

O disco tem registros lindos, como "Miguel", que ela apresentou na live do Globoplay. E "Bar da noite", que tive a alegria de ver a grande Nora Ney cantar em show. Bethânia fez só com voz e piano, emocionante. E uma grande ausência: "Evidências", que levou o público ao delírio nos últimos shows. Um dos autores, o cantor José Augusto, não autorizou que Bethânia gravasse. Chique como sempre, ela disse numa entrevista: "Ele está no direito, não gosta da cantora, não deixa ela cantar".

No dia do lançamento do disco só deu Bethânia nos jornais e sites. Em todos eles, t-o-d-o-s. Estou eu calmamente de manhã em casa ouvindo o disco novo e lendo algumas das matérias. De repente, vejo a seguinte pergunta na matéria do gaúcho "Zero Hora": "Carlos Jardim está preparando um documentário sobre a sua trajetória. Como está esse projeto?".

Bem, pra começar, eu acho um luxo perguntarem sobre o filme assim no meio de uma entrevista. Já tinha ficado emocionado com a resposta de Bethânia quando aconteceu isso numa matéria do "Estadão". Mas eu não estava preparado pra resposta que veio dessa vez: "Carlos é lindo. É um belo rapaz. Sou muito grata a ele. Tem um entusiasmo bonito com o meu trabalho, o que me deixa contente".

Oi? É isso mesmo???? "Carlos é lindo. Um belo rapaz. Sou muito grata a ele". Sabe lá o que é um fã como eu ler uma declaração dessas?

E ela seguiu: "Mas sei pouco (sobre o projeto do filme). Ele só me pediu autorização para começar a realizar um trabalho. Com a pandemia, parou-se tudo. Estamos esperando aí, estou aguardando o que ele quer para me solicitar e for possível, porque sou uma espectadora dos limites que a pandemia impõe".

58

Chega dia 18 de junho, aniversário de Bethânia. Como ela mandou áudio me dando parabéns, me senti à vontade pra retribuir a gentileza. Mas como ser minimamente original?

Pedi ajuda a três amigas que também amam Bethânia. Maria Beltrão, Flávia Oliveira e Leilane Neubarth aceitaram meu convite e gravaram vídeos dando os parabéns pra cantora. Escrevi uma mensagem carinhosa de parabéns e mandei com os vídeos por WhatsApp. Ficou azul, ou seja, ela leu e viu. Mas não respondeu. Ihhhh... será que ela não gostou? Calma, ela deve ter recebido muitas mensagens e não teve tempo de responder. Fingi pra mim mesmo que estava tudo bem e fui em frente.

No dia 11 de outubro, saiu a notícia de que ela foi eleita pra Academia de Letras da Bahia. Bethânia divulgou um vídeo agradecendo e se dizendo honrada – e mais uma vez comecei a receber aquela enxurrada de mensagens de amigos falando sobre o fato, como se eu fosse da equipe da cantora. Hahaha!

Demos a notícia no "Conexão GloboNews", na manhã do dia seguinte. Exibimos um trecho do agradecimento e os apresentadores – Leilane Neubarth, José Roberto Burnier e Camila Bomfim – falaram sobre a importância da Bethânia, e deram parabéns à cantora pelo justo reconhecimento da Academia baiana.

No dia seguinte, tô eu almoçando num restaurante perto da TV e plim – chega mensagem dela. Leio então o agradecimento pela mensagem no aniversário (vai aqui um trechinho):

– Que alegria receber suas palavras boas e ouvir essas moças lindas me dizendo só coisa boa.

E aí ela contou: escreveu a mensagem agradecendo pelos parabéns no dia em que recebeu, mas não enviou. Quem nunca? Já fiz isso milhares de vezes! Em seguida, ela agradeceu pela homenagem no "Conexão GloboNews":

– Hoje escrevo para lhe agradecer e para que agradeça em meu nome à equipe do "Conexão", tão elegantes e amorosos comigo.

E aí ela fala sobre a Academia de Letras, com aquelas palavras que deixam o coração da gente na boca:

– Vá se preparando para a posse. Aviso com antecedência.

Bem, ou eu enlouqueci ou ela está me convidando pra assistir à posse dela na Academia! "Não perco essa posse por nada!", tive forças pra escrever antes de desmaiar.

59

Estamos ainda em outubro, começam a sair notícias sobre a agenda da Bethânia e vejo que, depois de tomar a dose de reforço da vacina, ela está tentando voltar à ativa. Opa, tá na hora de gravar nosso depoimento! Mando mensagem fazendo o pedido e fico na torcida. Não demora pra chegar a resposta da Ana Basbaum:

– Carlos, podemos gravar. Temos ensaios, viagens para São Paulo e Bahia. Vamos encontrar uma data?

Vamos, claro! Puxa daqui, estica dali, marcamos pro dia 24 de novembro de 2021, às onze da manhã. A Ana sugere um local com "o mar ao fundo". Saí em busca de um hotel na orla com espaço adequado pra gravação e, claro, com o mar ao fundo. Mas o mês de novembro estava totalmente atípico no Rio, com muita chuva e até frio. Frio! Em novembro!

Numa visita ao Hotel Copacabana Palace pra conhecer a suíte presidencial e ver a possibilidade de gravar na varanda, fui até o teatro do hotel, que ficou fechado durante muitos anos e tinha acabado de ser reformado. O teatro estava lindo! Pensei: é aqui! Fugimos da chuva fora de hora em novembro e ainda tem a força de gravar com Bethânia num palco!

Um parêntese: gravar no Copa tinha alguns fatores sentimentais pra mim. Foi ali a minha festa de formatura da faculdade de jornalismo. Colação de grau num daqueles salões chiquérrimos e festa à beira da piscina. Acontece que naquela época eu não tinha dinheiro pra participar disso, um luxo fora das minhas possibilidades. Foi aí que meus colegas me emocionaram fazendo uma vaquinha pra eu poder estar presente, e ainda me pediram pra ser o orador da turma. Noite de sonhos.

E o teatro do Copa? Vi peças incríveis ali. Uma das mais marcantes foi "Adorável Júlia", com a Marília Pêra, em 1983. Tenho o programa da peça até hoje. Vou fugir um pouquinho do assunto do livro, mas não resisto: eu tinha só 20 aninhos, fiquei muito impactado com a atuação da Marília. Terminada a peça, resolvi ir até o camarim falar com ela. Fui entrando nos bastidores do teatro, ninguém me parou, cheguei ao camarim dela, que estava com a porta entreaberta. Bati, pedi licença e fui entrando. Vazio. De repente a Marília sai do banheiro enrolada numa toalha, tinha acabado de tomar banho! Deu um grito de susto. Dei um grito porque me assustei com o susto dela! "Quem é você?!". Pedi mil desculpas, falei que era um fã obviamente sem noção que queria falar com ela sobre a peça e comecei a me dirigir pra porta, morto de constrangimento. Pois não é que ela abriu um sorriso lindo, me falou pra ficar e conversamos longos e inesquecíveis minutos sobre a peça, sobre a interpretação magistral dela, ela encantada com um jovem tão apaixonado por teatro... Ah, Marília, muito obrigado por essa linda lembrança. Quanta saudade...

60

Muitos preparativos, inúmeros acertos e ajustes pra fazer a gravação acontecer. Na véspera, a gente passou a tarde no teatro, afinando tudo: cenário, cadeira pra ela sentar, enquadramentos, luz... Tudo muito novo pra mim, mas estar cercado de profissionais competentes faz toda a diferença.

Tive a ideia de colocar umas flores no camarim que a Bethânia usaria. Minha amiga Dani foi enfática: "Ela é filha de Iansã, coloca rosas vermelhas".

Como a gente acertou de gravar no teatro do Copa, resolvi usar imagens que tinha de um ensaio do show em que ela cantava "Sábado em Copacabana". E pedi pra fazer imagens de drone da Praia de Copacabana, pegando também a fachada do hotel. Depois, um passeio da câmera entrando no foyer do teatro até chegar ao interior, revelando a movimentação no

Meu lugar de entrevistador e a lista de perguntas pra receber Bethânia no Teatro do Copacabana Palace

palco para a gravação. Tudo isso embalado pela voz da Bethânia cantando essa música incrível, que eu amo. Moro há décadas em Copacabana, sou apaixonado pelo bairro e gravar com Bethânia pertinho da minha casa foi um luxo.

Terminados os ajustes de véspera, fui pra casa exausto e numa ansiedade que atingia níveis estratosféricos. Resolvi reler as perguntas que faria, achei que não estavam boas e reescrevi quase todas. Será que tá bom? Será que ela vai reagir bem? Será que vou conseguir fazer todas as perguntas importantes pro roteiro?

O roteiro. A ideia era bem simples: fazer o espectador ter a impressão de estar vendo um show de Bethânia. Começa com a clássica abertura dos músicos em cena tocando uma introdução, e então ela entra. No encerramento, "O que é, o que é", do Gonzaguinha, clássico final de inúmeros espetáculos.

Dica importante se você ainda não viu o filme (que absurdo! Vai logo ver!!!): fique até o fim, tem Bethânia falando no final, depois dos créditos de encerramento.

Sem depoimentos de personalidades ou amigos. Só Bethânia fala (e muito!), Bethânia também canta muito nas cenas pescadas em arquivo, textos lidos pela Fernanda Montenegro. Sem nada mirabolante. Apenas sentar no cinema ou em casa (via streaming) e ver Bethânia falar. Ver as expressões dela, as mãos se movimentando, ela mexendo nos cabelos, os sorrisos, os momentos em que fica grave, as pausas. E só. Só? É pouco? É o suficiente? Vai ficar ruim? Como é que a gente dorme na véspera da gravação tendo tantas dúvidas e inseguranças? E a maior de todas: como vai estar o humor de Bethânia amanhã?

61

Não é que eu dormi bem?! Antes de nove da manhã eu já estava no teatro pra vermos os preparativos finais. Cenário e câmeras prontos cedo, iluminação ajustada, equipe afiada, todo mundo com alto-astral, grande expectativa pra chegada de Bethânia.

Um parêntese importante: diferentemente de grandes "estrelas", ela não fez exigência alguma. Deu uma ótima sugestão sobre uma contraluz para o cabelo: "Fica bonito no cabelo branco". Ficou mesmo lindo, ela sabe tudo! Nada de grande *entourage*: foram ela e a Ana Basbaum. Só. Zero estrelismo. E já chegou maquiada.

Claro, eu fui até a porta do Copacabana Palace pra recebê-la. Bethânia chegou de cabelo preso, muito elegante, um figurino lindíssimo. Fomos conversando até o teatro, uma caminhada um pouco longa, que ela encarou numa boa. Ela foi lembrando os grandes espetáculos que viu naquele teatro antes de ser fechado. Peças com Cacilda Becker, Ítalo Rossi, Walmor Chagas...

Quando entramos no teatro, Bethânia parou pra observar como ficou depois da reforma. Subimos uma escadinha na lateral da coxia e, quando a porta abriu, ela se espantou: "Já saímos em cima do palco!". Fez uma saudação, andou um pouco pelo palco, achou a cadeira que a gente escolheu um pouco baixa.

– Não tem problema, temos outras opções – eu disse rapidamente.

Ela gostou da nova sugestão e foi para o camarim arrumar os cabelos e deixar a bolsa. Nisso, um dos meninos da equipe me abordou, preocupado:

– Jardim, eu vou ter que colocar o microfone no blazer da Bethânia. O problema é que quando ela se mexer pode fazer ruído, atrapalhando a captação do áudio. Se isso acontecer, a gente interrompe a gravação?

– De jeito nenhum! – respondi sem pestanejar. – Vamos

assumir tudo, serão ruídos cênicos. Tudo em Bethânia reverte em favor da cena!

Não deu outra. Repare no filme o barulho do anel batendo no braço da cadeira, o lindo som dos anéis quando cruza as mãos, o som no momento em que ela se mexe pra arrumar os cabelos. Os cabelos... ela voltou do camarim com os cabelos soltos, aqueles fios brancos de uma dignidade absurda. Se sentou, colocamos o microfone nela, fizemos os últimos ajustes e estávamos prontos pra começar.

Estávamos? Eu estava tão emocionado e nervoso que precisei respirar fundo, muito fundo. Ela ali na minha frente, extremamente carinhosa, um olhar doce, mas sempre muito expressivo.

– Bethânia, eu quero te agradecer demais por você estar aqui.

– Ô, querido, quem agradece aqui sou eu, fazendo um documentário sobre meu trabalho... – respondeu, finíssima como sempre.

– É a realização de um sonho estar aqui sentado na sua frente, conversando com você. Muito obrigado.

Ela sorriu e começamos.

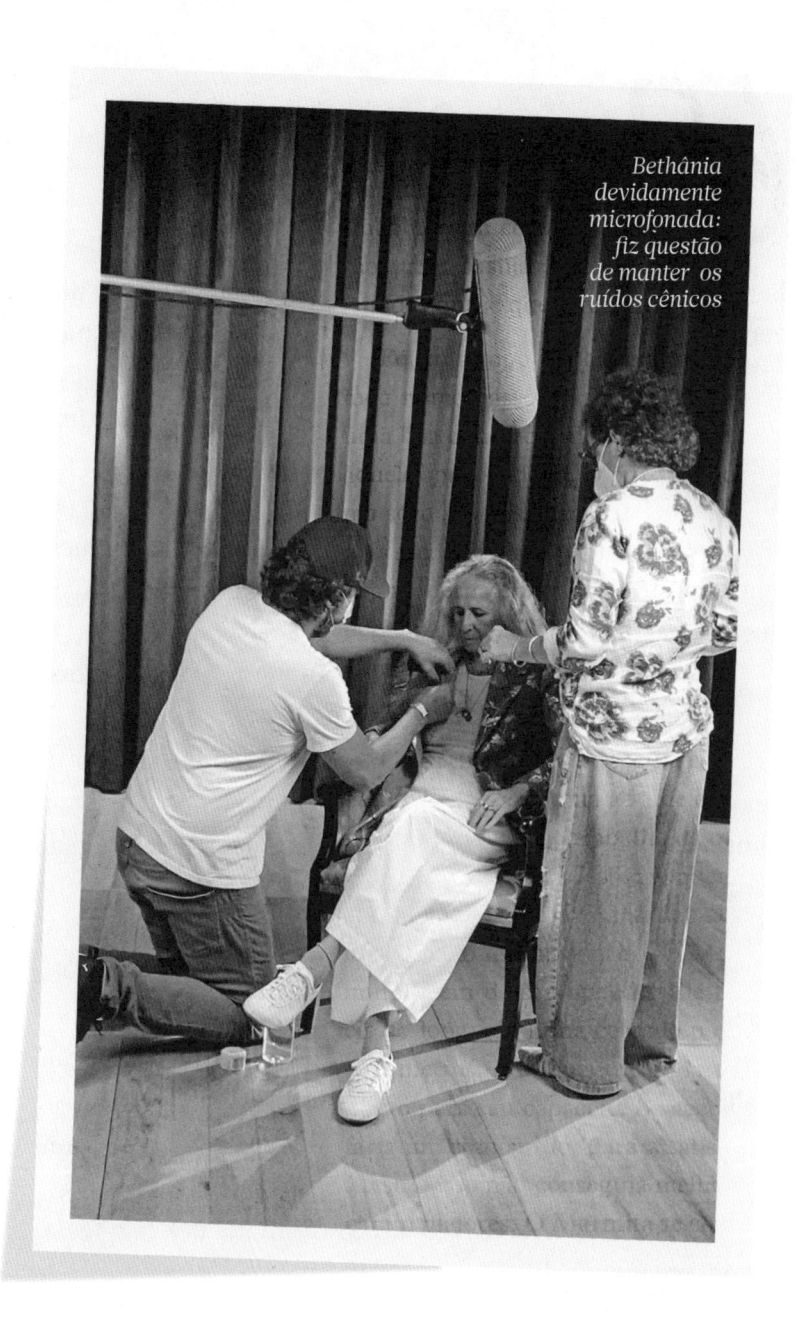

Bethânia devidamente microfonada: fiz questão de manter os ruídos cênicos

62

Bethânia fala – com aquele jeitó que amamos – sobre seu universo. Bahia, Santo Amaro, Caetano, fé, Nossa Senhora, Chico, Clarice, Pessoa, Fauzi Arap, Mangueira.

A Mangueira era uma preocupação pra mim: não tinha como deixar de falar sobre a escola que ela ama e onde ganhou um carnaval. Mas teve um filme inteiro sobre isso, o belíssimo "Fevereiros", do Marcio Debellian. Não me alonguei e tentei ser original. Depois de ver o filme me conta, por favor, se eu consegui!

Não podia deixar de falar sobre a imensa devoção a Nossa Senhora:

– Eu não sei me dirigir a Deus, muito poder, criador de tudo, muito alto. Acho que ela tem mais paciência (ri), mais compreensão, e é mulher, é mãe. E tem encantos. Pra mim tudo é encanto em Nossa Senhora. Tudo encanto e força, persistência, confiança, equilíbrio. Eu sou louca por Nossa Senhora.

Quando falei em Mãe Menininha, ela tocou o chão e fez uma reverência.

– Que grande senhora, que sabedoria, que educação, que qualidade especial de ser humano.

Chorei quando ela falou da mãe, Dona Canô, que morreu em 2012.

– Dói, dói muito. Às vezes, fico revoltada por não tê-la, por ser a realidade da vida.

Transbordou carinho quando falou de Caetano: "O mestre do meu barco".

– Caetano me ensinou a andar, dar os passos. Caetano me ensinou a subir em árvore, me ensinou a ouvir, a falar, a escolher desde o fruto das árvores até a canção que eu gostava mais.

Lembrou o que sentiu quando ouviu pela primeira vez a música que Chico Buarque mandou pra ela – e virou um de seus maiores sucessos, "Olhos nos olhos":

– Nos dois primeiros versos eu senti uma coisa tão perfeita o Chico ter escrito aquelas palavras, me enviado naquele momento, e para que eu cantasse. Eu senti uma coisa muito definitiva: isso aqui é para sempre, enquanto eu viver, será.

Destacou a importância de Nara Leão para a MPB e para a carreira dela:

– Nara me indicou para substituí-la. Pra mim, Nara é uma heroína.

E lembrou que Drummond escreveu um poema quando houve rumores de que Nara seria presa na ditadura militar. Muito ágil, Luciana Savaget achou o poema na internet e pedimos pra Bethânia ler um trechinho.

– Nara é pássaro, sabia? E nem adianta prisão para a voz que pelos ares espalha a sua canção.

Falamos, claro, do amor pela Bahia. E ainda ganhei um brinde: quando fizemos uma pausa pra trocar a bateria de uma das câmeras, ela começou a cantarolar baixinho:

– Alô meu Santo Amaro, eu vim te conhecer, eu vim te conhecer. Samba santamarense...

Usei no filme, claro!

Bethânia em cena para o documentário: como não admirar essa mulher incrível?

CARLOS JARDIM

63

Não podiam faltar Fernando Pessoa ("o poeta da minha vida") e Clarice Lispector:
— Clarice é viva, ela lateja, pulsa. Eu sou completamente apaixonada pela obra dela.

E aqui, uma surpresa: ela não gostou do resultado de "A hora da estrela", espetáculo baseado no livro de Clarice e que estreou no Canecão em 1984:
— Não me preparei pra fazer Clarice. Era só uma paixão que não cabia, e eu achei que podia ir pra cena com aquilo.

Que tal? A maioria de nós culpa os outros pelos nossos fracassos, né? Ela assume a responsabilidade, numa humildade que a gente não imagina numa artista gigante como ela. Aliás, levei um pequeno esbregue na gravação quando falei "fracasso":
— Não se fala essa palavra (bateu três vezes no braço da cadeira).

Não usei no filme, claro. Vai que dá má sorte? (melhor evitar também aquela outra palavra, nunca se sabe...)

Estão também no documentário lindas declarações de amor ao palco, aquele lugar sagrado onde ela vira atriz, onça, orixá — e arrebenta o coração da gente!

Nunca conseguimos usar tudo o que é gravado, mas eu usei muuuuuita coisa. Ficou de fora, por exemplo, um momento pessoal que me marcou um bocado. Falei pra ela que

a entrevistei para o jornal da minha escola quando eu tinha 17 anos:
— Foi? — ela sorriu. — Que delícia!
Lembrei a resposta incrível que me impactou tanto: "O futuro me excita". Quis saber se ainda está assim:
— Me deixa animadíssima! Me excita!
E há coisas que não são explícitas na tela, mas que me marcaram imensamente: a generosidade dela comigo, o carinho, o cuidado. Quando terminamos:
— Ficou bom? Saiu do jeito que você queria?
Como não amar, como não bater palmas, bater cabeça, admirar essa mulher incrível? Falamos muito sobre a passagem do tempo. E é sempre muito educativo ver como ela se relaciona com o tempo, como respeita as transformações no corpo e na alma. Uma artista maiúscula que triunfou sobre o tempo, que nunca é óbvia, que sempre se reinventa e se desafia, que não abre mão de suas convicções.

Bethânia se levantou, foi aquela fila de gente querendo tirar fotos com ela, graças a Deus a equipe não era muito grande. Paciente, atendeu a todos. Fui até o camarim com ela e Ana. Quando passou pelas rosas vermelhas:
— Vou levar minhas rosas, hein?
— Sim, a ideia é essa.
Ela levou as rosas. E deixou naquele teatro um rastro de luz, uma energia que quase se podia tocar. Mais marcante: deixou esse fã aqui feliz como um menino, agradecido por tudo e por tanto. Feliz por ter escolhido admirar uma artista que há 57 anos entra em cena pra traduzir a alma e a emoção de um povo. Feliz por viver no tempo de uma pessoa que tem tanto a nos

dizer – seja falando, seja cantando, seja pelo exemplo de uma vida pautada pela dignidade, pela coerência e pela determinação implacável de só fazer o que quer e o que gosta.

Obrigado, Bethânia.

64

O livro ia acabar no "obrigado, Bethânia". Mas teve mais um acontecimento, e eu achei interessante compartilhar.

Acompanhei Bethânia até o carro, rosas vermelhas indo junto. Como quem não quer nada, eu comentei sobre o show que ela faria em Salvador dali a alguns dias. Era uma premiação da Rádio Educadora, do grupo da TVE da Bahia. Ela seria homenageada – e faria uma apresentação. Uma live, poucos convidados na plateia.

– Eu queria fazer algumas imagens pro documentário, ficar ali nos bastidores filmando.

Ela reagiu bem, mas queria mais detalhes.

– Serei apenas eu e meu celular, você nem vai reparar que eu estou ali.

E assim se deu: no dia 12 de dezembro de 2021 eu estava chegando ao Teatro Castro Alves. Não sem antes me preparar: comprei um microfone para o celular, baixei um programa que me indicaram, para melhorar a qualidade das imagens.

Quando dei por mim, estava eu ali no palco, na coxia, vendo todos os bastidores de um show de Maria Bethânia, sabe lá o que é isso? Veio o inevitável filme na minha cabeça: minha mãe na fila pra comprar meu primeiro ingresso pra um show da cantora, as muitas vezes em que madruguei nas filas, a espera pra falar com ela no camarim...

Sabe tudo aquilo que a gente ouve sobre os shows de Bethânia? Tudo verdade, só que suave, não existe tensão no ar, tudo flui com clareza e eficiência. A equipe dela me recebeu com o maior carinho, até filei um lanchinho no camarim dos músicos. E que honra ser apresentado ao Marcelo Costa ("é o Rio de Janeiro inteiro entrando na Avenida", como ela já o apresentou em cena) e ao Jorge Helder ("o baixo mais deseeeejaaaado do Brasil").

Fiz um passeio pelo palco, tirei fotos e fiz as imagens que usei na abertura do documentário. O produtor Marcos Krepp me mostrou a estrelinha ao lado do pedestal do microfone.

– Ela usa essas estrelas como marcação.

– Eu sei, tenho uma em casa!

– Ah, então é você quem arranca e dá trabalho ao produtor? (*risos*)

– Não! Eu só arranco no último dia da temporada! E você não devia nem ser nascido quando eu roubei a minha estrela!

– Foi em que show?

– "A hora da estrela".

– Nossa! Você é antigo, hein?

Antigo mesmo. Fã há muitos anos, vendo muitas vezes cada show, mas nunca dessa maneira, nunca passeando pelo palco onde daqui a pouco ela pisaria. Passou um tempo e lá foram os músicos pro camarim dela para o tradicional encontro antes de entrar em cena. Reza, risos e astral lá em cima. Pouco depois eles se posicionam no palco.

Faltava ainda um tempinho razoável pro show começar, mas ela sai do camarim e se dirige praquele camarim menor, de pano, montado na boca de cena, bem colado ao palco. Faz aquecimentos na voz, se olha no espelho e ajeita aquele cabelão que amamos. Está concentradíssima, reza. É um ritual incrível, mas sem afetação. Simples. Sólido. Eu estava do lado oposto do palco, mas podia sentir a energia que saía dali. Aí a gente entende por que não é um show de música comum. Está muito além disso, às vezes além até da nossa compreensão.

Bethânia se posiciona pra entrar em cena. Por ser uma live, o começo seria diferente: ela já estaria em cena quando a cortina abrisse. Ela entra no palco, fica diante do pedestal do microfone. Fala com os músicos, vira pra frente – concentração total. O show começa. E eu ali, vendo por um ângulo inédito pra mim, respirando e absorvendo aquela energia indescritível, de uma força incomensurável. Aquela pisadinha charmosa na base do pedestal do microfone, aquelas teatrais ajeitadas no cabelo, os gestos, o brilho nos olhos... E ainda consigo tirar lindas fotos de um momento que todos achamos o máximo: a saidinha de cena com o dedinho pro alto! Coloquei o registro bem aqui, no finzinho do livro, é só virar a página.

Dedinho pra cima, sorriso de quem cumpriu seu ofício como ele deve ser: respeito ao palco, ao público, à música, à cena. Dá pra ver que o pé ficou sujinho, cantar descalça tem dessas coisas. Mas é como ela falou no depoimento pro filme: "Eu acho que os pés nus são símbolo de respeito, devoção". E lá vai ela, dedo levantado e a tradicional corridinha até o camarim de pano, ao lado da boca de cena. A magia acabou por essa noite. Mas, se Deus, Nossa Senhora e os orixás permitirem, essa magia vai se repetir ainda muitas vezes. O ritual será sempre o mesmo. O impacto daquela presença em cena, no entanto, será sempre único. E sempre absurdamente forte.

A célebre saída do palco com o dedo para cima e dando uma corridinha

Este livro utilizou as fontes Glosa Text e Chalk Board, e foi impresso em papel Pólen Bold 90g na gráfica Rotaplan em agosto de 2022, algumas semanas antes da estreia nacional do filme "Maria – Ninguém sabe quem sou eu"